MÉMOIRES CONTEMPORAINS.

MÉMOIRES

DE CONSTANT.

TOME II.

PARIS. — IMPRIMERIE DE COSSON,
RUE SAINT GERMAIN-DES-PRÉS, N° 9.

MÉMOIRES
DE CONSTANT,

PREMIER VALET DE CHAMBRE DE L'EMPEREUR,

SUR LA VIE PRIVÉE

DE

NAPOLÉON,

SA FAMILLE ET SA COUR.

Depuis le départ du premier consul pour la campagne de Marengo, où je le suivis, jusqu'au départ de Fontainebleau, où je fus obligé de quitter l'empereur, je n'ai fait que deux absences, l'une de trois fois vingt-quatre heures, l'autre de sept ou huit jours. Hors ces congés fort courts, dont le dernier m'était nécessaire pour rétablir ma santé, je n'ai pas plus quitté l'empereur que son ombre.

MÉMOIRES DE CONSTANT, *Introduction.*

TOME SECOND.

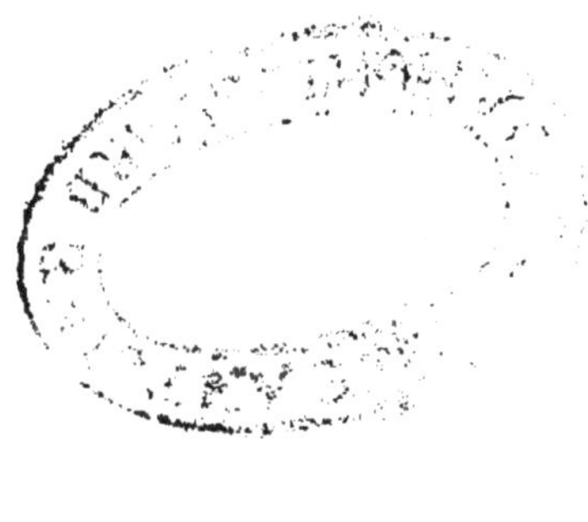

A PARIS,

CHEZ LADVOCAT, LIBRAIRE

DE S. A. R. LE DUC DE CHARTRES,

QUAI VOLTAIRE ET PALAIS-ROYAL.

MDCCCXXX.

MÉMOIRES DE CONSTANT.

CHAPITRE PREMIER.

JOURNAL

DU VOYAGE A MAYENCE.

SECONDE PARTIE.

Le duc et la duchesse de Bavière; — leurs enfans. — Le prince Pie. — Le petit corps et les grands cordons. — La princesse Elisabeth (depuis, princesse de Neufchatel et de Wagram). — L'empereur blessé de l'entendre causer à table. — Bonté et politesse du prince Eugène. — Départ d'Aix-la-Chapelle et arrivée à Cologne. — Les cloches, les églises et les couvens. — Erreurs communes au sujet de

l'empereur, relevées par l'auteur. — Travail et sommeil de
l'empereur. — Usage du café. — Les grands hommes vus
de près. — L'empereur à la toilette de l'impératrice. — L'é-
crin bouleversé par l'empereur. — Désespoir de la première
femme de chambre. — Les mystères de la toilette. — Les
femmes de chambre métamorphosées en dames d'annonce.
— L'empereur très-occupé de la toilette des dames de sa
cour. — L'écritoire vidée par l'empereur sur une robe de
l'impératrice. — Cinq toilettes par jour. — Antipathie de
l'empereur pour les femmes d'esprit. — Les femmes consi-
dérées par lui comme faisant partie de son ameublement. —
Un mot de Joséphine, au sujet de l'influence des femmes sur
l'empereur. — L'empereur et la reine de Prusse. — Les souverains ont tort de se dire mutuellement des injures. — Départ de Cologne, et séjour à Bonn. — La maison et les jardins
de monsieur de Belderbuch. — Méditation nocturne au bord
du Rhin. — Les chants des pélerins allemands. — M. de
Chaban, préfet de Coblentz. — Simplicité d'un sage administrateur, et luxe de Napoléon. — L'auteur s'avoue coupable
d'une escobarderie. — L'empereur incommodé pendant la
nuit. — Erreur de l'auteur relevée par Constant. — Les généraux Cafarelli, Rapp et Lauriston. — Erreur de l'auteur
au sujet de M. de Caulaincourt, relevée par l'éditeur. — Voyage
sur le Rhin. — Sites pittoresques. — La tour de la souris. —
Orage et tempête sur le Rhin. — Arrivée à Bingen. — Retard.
— Double entrée à Mayence. — Mécontentement attribué à
Napoléon. — Tête-à-tête orageux. — Le petit salut. — Larmes
de l'impératrice. — Les héros et leurs valets de chambre. —
Présentation des princes de Bade. — Querelle d'intérieur, à
propos du prince Eugène. — Fermeté de l'impératrice. — *Je
n'ai pas pleuré pour être princesse.* — L'empereur esclave

Lorges. — Le goût allemand et le goût français. — L'empereur de la Chine et l'empereur Napoléon. — Regard lancé à l'auteur par l'empereur. — Hardiesse de l'auteur. — Les petits hibous. — Départ de Mayence. — Monotonie des harangues. — La harangue du renard.

Aix-la-Chapelle, le 28 août.

Le duc et la duchesse Léopold de Bavière, le prince Pie leur fils, et la princesse Elisabeth leur fille *, sont arrivés ici pour faire leur cour; ils viennent de prendre possession de Dusseldorf, qui leur est échu en indemnité. La duchesse a dû être une fort belle femme; elle a une belle taille et l'air très-noble. Le prince Pie son fils est justement à cet âge si désavantageux qui tient le milieu entre l'enfance et la jeunesse. L'empereur a beaucoup ri de ses petites jambes, qui ont peine à porter son petit corps surchargé d'ordres et de grands cordons. Cela fait une drôle de petite caricature. La

* Depuis, princesse de Neufchatel et de Wagram.

princesse Elisabeth n'est pas jolie, mais je crois que si elle était mieux habillée elle serait bien faite. Elle est très-polie, très-parlante, chose qui scandalise fort Napoléon. A dîner, elle était placée entre lui et Eugène Beauharnais : habituée à la petite cour de son père, à celle de l'électeur de Bavière, il est assez simple qu'elle ne soit point intimidée en parlant à Bonaparte. Il trouve fort extraordinaire qu'elle n'attende pas qu'on l'interroge, ainsi que le font toutes les personnes dont il est entouré. Aussi, j'ai remarqué à table qu'il s'en est très-peu occupé, comme s'il eût voulu la punir de n'avoir pas peur de lui; mais Eugène, dont les manières sont si bonnes, qui était placé de l'autre côté de la princesse, a été ce qu'il est toujours, parfaitement poli.

Cologne, le 31 août.

Nous avons quitté Aix-la-Chapelle, et nous sommes arrivées avant-hier à Cologne, ville qui me paraît assez triste. En arrivant, on m'a fait remarquer qu'on y compte trois cent soixante-cinq cloches, ce qui indique quelle quantité énorme d'églises et de couvens on y trouvait avant que les Français en eussent pris possession. J'espère que nous n'y passerons que peu de jours. Une chose que j'ai remarquée déjà à Aix-la-Chapelle, mais plus particulièrement ici, c'est l'erreur où chacun est sur le compte de Napoléon. Le vulgaire est persuadé qu'il ne dort presque jamais, et qu'il travaille sans cesse ; mais je vois que, s'il se lève de bonne heure pour faire manœuvrer des régimens, il a grand soin de se coucher beaucoup plus tôt le soir : hier, par exemple, il était monté à cheval à cinq heures du matin ; le soir il s'est retiré avant neuf dans son appartement ; et Joséphine nous a dit que c'était pour se coucher. On prétendait aussi qu'il faisait un usage immodéré de café, pour éloigner le sommeil ; il en prend une tasse après son déjeuner et autant à dîner. Mais le public est ainsi : si un homme, placé dans des circonstances heureuses, opère de grandes choses, nous mettons tout sur le compte de son génie. Nous ne voulons rien devoir à la puissance du hasard ; cet aveu répugne à l'amour-propre humain. Notre imagination crée un fan-

tôme ; elle l'entoure d'une brillante auréole * : mais
sommes-nous admis à le voir de près, tout ce pres-
tige, dont nous l'avions paré dans l'éloignement,
s'évanouit ; nous retrouvons l'homme avec toutes
ses faiblesses, toutes ses petitesses, et nous nous
indignons du culte que nous lui avons rendu.

Cologne, le 1er septembre.

Ce matin, je causais avec Joséphine, pendant
qu'on la coiffait. L'empereur est arrivé, il a cul-
buté tout l'écrin pour lui faire essayer plusieurs
parures. Madame Saint-Hilaire, première femme
de chambre, chargée du soin des bijoux, était
bonne à voir dans cet instant où Bonaparte
mettait en désordre les objets confiés à ses soins.
Elle était autrefois femme de chambre de ma-

---

* Je ne vois pas que l'empereur doive perdre sa *brillante au-*
réole, pour s'être couché quelquefois de bonne heure, et avoir
fait un usage modéré de café.

(*Note de Constant.*)

dame Adélaïde, et elle voudrait établir, dans le département de la toilette, l'étiquette à laquelle elle était habituée à l'ancienne cour; mais cela n'est pas facile. On avait nommé un assez grand nombre de femmes de chambre qui devaient faire leur service par quartier de trois mois. Joséphine, qui arrive à cet âge où l'on a besoin de tout l'art, de tous les mystères de la toilette, était fort ennuyée d'avoir toutes ces spectatrices; elle a prié qu'on lui laissât seulement ses anciennes femmes de chambre; et, à la réserve de madame Saint-Hilaire, on a fait des dames d'annonce de toutes les femmes de chambre qu'on venait de nommer. Ces dames n'ont pas d'autres fonctions que celle d'annoncer l'empereur, lorsqu'il vient chez l'impératrice; elles sont, par conséquent, dans l'intérieur des petits appartemens.

Cette manie de se mêler de la toilette des femmes est bien extraordinaire dans un homme chargé (je dirais presque) des destinées du monde. Cela est si connu qu'Herbaut, valet de chambre de Joséphine, m'a observé, la première fois qu'il m'a coiffée, que je plaçais mon diadème de côté, et que l'empereur voulait qu'on le plaçât absolument droit. J'ai ri de son observation, et l'ai assuré que je me coiffe pour moi, et en ne consultant que mon goût. Il en a été fort étonné, et m'a assuré que toutes ces dames ont soin de se conformer à celui de Napoléon. Il s'occupe tellement de ces détails, qu'un jour de grande cérémonie, Joséphine ayant paru avec une robe rose et argent qu'il n'aimait pas, il jeta violemment son écritoire sur elle, pour la forcer à changer de robe. Ici, nous ne faisons pas autre chose : le matin, à dix heures, on s'habille pour déjeuner; à midi, on fait une autre toilette, pour assister à des représentations; souvent, ces représentations se renouvellent à différentes heures, et la toilette doit toujours être en rapport avec l'espèce de personnes présentées : en sorte qu'il nous est arrivé quelquefois de changer de toilette trois fois dans la matinée, une quatrième pour le dîner, et une cinquième pour un bal. Cette occupation continuelle est tout-à-fait un supplice pour moi.

Cologne, le 2 septembre.

L'empereur a une antipathie bien prononcée pour ce qu'on appelle les femmes d'esprit; il borne notre destination à orner un salon. En sorte que je crois qu'il ne fait pas une grande différence entre un beau vase de fleurs et une jolie femme. Quand il s'occupe de leur toilette, c'est par suite du luxe qu'il veut établir dans tous ses meubles; il blâme ou approuve une robe, comme il ferait de l'étoffe d'un fauteuil; une femme à sa cour n'est qu'un meuble de représentation de plus dans son salon. Joséphine dit assez plaisamment qu'il y a bien cinq ou six jours dans l'année où les femmes peuvent avoir quelque influence sur lui, mais qu'à l'exception de ce petit nombre de jours elles ne sont rien (ou presque rien) pour lui. Ce soir, la conversation est tombée sur la reine de Prusse; il ne peut pas la souffrir, et ne s'en cache pas. Les souverains sont tout-à-fait comme les amans : sont-ils brouillés, ils disent un mal horrible les uns des autres. Ils devraient se rappeler, lorsqu'ils sont en guerre, qu'ils finiront par faire la paix, et que dans ce cas, s'ils se rendent mutuellement les forteresses qu'ils se sont prises, ils ne pourront effacer les injures qu'ils se seront dites. Je crois que cette méthode, si à la mode aujourd'hui, de remplir les journaux d'invectives réciproques, tient beaucoup au caractère de Napoléon, et à la nouveauté de sa dynastie; car, en lisant l'histoire, je trouve qu'il y avait autrefois entre les princes qui se faisaient la guerre, un ton de modération qui n'existe plus aujourd'hui.

Bonn, le 5 septembre.

Nous avons quitté Cologne ce matin. Depuis long-temps, je n'avais passé une soirée aussi agréablement qu'aujourd'hui. L'impératrice a été reçue chez M. de Belderbuch, qui a une maison charmante; le jardin, qui était illuminé, s'étend jusqu'au bord du Rhin, très-large en cet endroit. On avait placé des musiciens dans un bateau sur le fleuve. Pendant le feu d'artifice qu'on a tiré après souper, je me suis glissée seule dans le fond du jardin, jusqu'au bord du Rhin. J'avais besoin d'échapper quelques instans à cette contrainte qui pèse sur moi si péniblement. L'air était pur et calme; peu à peu on a quitté le jardin. Une musique douce, harmonieuse, se faisait seule entendre; mais bientôt elle a cessé, le plus profond silence n'était interrompu que par le bruit des vagues qui venaient se briser sur les pierres près desquelles j'étais appuyée. La lune, qui se reflétait sur le fleuve, est venue remplacer les lampions qui s'éteignaient dans le jardin, et répandre l'harmonie de sa douce lueur sur le beau tableau que j'avais sous les yeux. Absorbée dans un recueillement profond, je ne m'apercevais pas que les heures s'écoulaient, lorsque des chants religieux, qui se sont fait entendre dans un extrême éloignement, ont réveillé mon attention. Je ne puis bien exprimer leur effet sur moi dans cet instant; on eût pu prendre pour un concert d'esprits célestes ces chants que les vents apportaient de l'autre côté du Rhin jusqu'à moi. Mais le plaisir que je trouvais à écouter ces sons, en quelque sorte aériens, a été interrompu. Des personnes inquiètes de ma longue absence, qui me cherchaient dans le jardin, sont arrivées près de moi dans cet instant; elles m'ont appris qu'à cette époque de l'année il est très-commun, en Allemagne, de voir les habitans de plusieurs villages se réunir pour aller visiter quelques saints en réputation dans le pays; que ces pèlerins marchent souvent la nuit, pour éviter la chaleur, et quelquefois en chantant des hymnes avec cette harmonie presque naturelle aux Allemands. Ainsi ont été expliqués les chants religieux que je venais d'entendre.

Coblentz, le 8 septembre.

Nous sommes logées ici à la préfecture. La simplicité, je dirai presque la pauvreté des meubles, fait grand honneur au préfet, M. de Chaban. L'empereur s'est étonné de ce dénûment; le préfet a répondu : « Ce pays est si pauvre, il y a tant de

» malheureux, que je me serais reproché de de-
» mander à la ville une augmentation d'impôts
» pour payer des meubles de luxe. J'ai tout ce qui
» est nécessaire. » Ce *nécessaire*, c'est quelques
vieux fauteuils, un vieux lit et quelques tables. Cette
simplicité est admirable. Il ne s'occupe que du
soin de soulager les pauvres. On est heureux de
rencontrer un être semblable qui joint beaucoup
d'esprit à tant de vertus. L'empereur, toujours
entouré d'un luxe asiatique, était tenté de se fâ-
cher en arrivant, d'être logé ainsi; son âme sèche
et aride ne peut apprécier tout ce que vaut M. de
Chaban*; mais cependant il sait combien son administration paternelle est utile pour faire aimer
les Français dans ce pays.

Coblentz, le 9 septembre.

Je crois que j'ai à me reprocher aujourd'hui un

* L'empereur était économe et prêchait sans cesse l'é-
conomie.

(*Note de Constant.*)

peu de fausseté ; car on ne transige pas avec sa conscience ; elle ne prend pas le change sur les expressions. L'empereur a promis ce matin à Joséphine que, s'il ne rendait pas à mon mari les biens non vendus dont je désire la restitution, au moins il l'en dédommagerait par un emploi. Après dîner, dans le moment où l'on prenait le café, l'impératrice m'engageait à remercier Napoléon. Lorsqu'il s'est approché, en demandant ce qui nous occupait, « Elle me dit, a répondu Jéséphine,
» qu'elle n'ose pas vous remercier de ce que vous
» m'avez promis ce matin pour elle.—Pourquoi
» donc? a dit l'empereur. Est-ce que je vous fais
» peur ?—Mais, Sire, ai-je répondu, il n'est pas ex-
» traordinaire que l'idée de ce que Votre Majesté a
» fait se rattache à sa personne, et par conséquent
» qu'elle impose. » Je disais la vérité : c'est la mort du duc d'Enghien, et celle de tant d'autres victimes, qui, pour moi, se rattachent à sa personne, et me le montrent toujours empreint de leur sang. Et cependant (voyez la perversité !) je n'ai pas été fâchée qu'il ait pris le change sur ma réponse, dont il a fait un compliment qui l'a fait sourire.

Ah! je crois que l'exemple commence à me cor-
rompre. Il est bien temps que je retourne cultiver
mes champs!

Coblentz, le 10 septembre.

Il paraît que Napoléon a eu, cette nuit, une attaque violente de la maladie de nerfs ou d'épilepsie à
laquelle il est sujet. Il a été long-temps très-incom-
modé, avant que Joséphine, qui occupait la même
chambre, ait osé demander du secours; mais enfin,
cet état de souffrance se prolongeant, elle a voulu
avoir de la lumière. Roustan, qui couche toujours à
la porte de l'empereur, dormait si profondément
qu'elle n'a pas pu le réveiller. L'appartement du
préfet est si éloigné du luxe, qu'on n'y trouve pas
même les objets de simple commodité. Il n'y avait
pas une sonnette; les valets de chambre étaient
logés fort loin; et Joséphine, à moitié nue, a été
obligée d'aller entr'ouvrir la porte de l'aide-de-camp
de service, pour avoir de la lumière. Le général
Rapp, un peu étonné de cette visite nocturne,

lui en a donné; et, après plusieurs heures d'angoisse, cette attaque s'est calmée. Napoléon a défendu à Joséphine de dire un seul mot de son incommodité. Aussi a-t-elle imposé le secret à tous ceux ou celles auxquels elle l'a racontée ce matin. Mais peut-on espérer qu'on gardera le secret que nous ne pouvons garder nous-mêmes? Et avons-nous le droit d'imposer aux autres la discrétion dont nous manquons? L'empereur était assez pâle ce soir, assez abattu; mais personne ne s'est avisé de lui demander de ses nouvelles. On sait qu'on encourrait sa disgrâce, si on pouvait croire Sa Majesté sujette à quelque infirmité humaine *.

Coblentz, le 11 septembre.

Je m'étais arrêtée un instant dans le salon des

---

* Jamais l'empereur n'a été sujet à des attaques d'épilepsie. C'est encore là une de ces histoires dont on a tant débité sur son compte. On verra, dans le portrait que j'ai tracé de l'empereur, ce qui a pu donner lieu à celle-ci.

(Note de Constant.)

aides-de-champ : les généraux Cafarelli, Rapp, Lauriston s'y trouvaient; on parlait de la faveur extrême dont jouit M. de Caulaincourt. « Nous ne » l'envions pas, ont dit ces messieurs; nous ne vou-» drions pas l'avoir achetée au même prix. » Ce sentiment, sans doute, est commun à beaucoup de gens; mais, dans la position de ces messieurs, j'ai trouvé qu'il y avait quelque merite à l'énoncer si franchement *.

* Il est de notoriété publique aujourd'hui que M. le duc de Vicence, si indignement calomnié pendant tant d'années par des ennemis habiles à profiter du silence que lui imposait sa position auprès de l'empereur, n'a pris, ni même pu prendre, aucune part à la catastrophe du duc d'Enghien. Il est prouvé qu'au moment même où le général Ordener, chargé *seul* de l'arrestation du malheureux prince, s'acquittait de cette fatale mission , M. de Caulaincourt était à trente lieues d'Ettenheim, chargé, de son côté, d'arrêter la baronne de Reich et quelques émigrés qui entretenaient une correspondance contre le chef du gouvernement français, et que M. de Caulaincourt relâcha, avant d'avoir repassé la frontière avec eux. Il est prouvé que M. de Caulaincourt n'eut connaissance de la mission confiée au au général Ordener, qu'en même temps que tout le monde, et

Coblentz, le 12 septembre 1804.

Le prince de Nassau-Weilbourg est venu ici faire sa cour. Il a proposé à Joséphine de lui envoyer deux yachts pour remonter le Rhin jusqu'à Mayence; ce qu'elle a accepté. Nous partons demain, et l'empereur suivra la nouvelle route qu'on a fait pratiquer aux bords du Rhin.

Bingen, le 13 septembre.

Notre voyage a été très-agréable toute la jour-

après cette mission remplie; enfin il est prouvé que M. de Caulaincourt était à Lunéville le jour et à l'heure de la sanglante exécution du duc d'Enghien. M. de Bourrienne a déjà relevé dans ses mémoires l'erreur dont M. le duc de Vicence a été trop long-temps victime. Nous nous faisons également un devoir de protester ici contre tout passage du journal de Madame *** qui pourrait être trouvé injurieux à la mémoire d'un des hommes les plus honorables de l'empire.

(*Note de l'éditeur.*)

née, et, pour qu'il n'y manque rien, nous pouvons même y joindre la description d'une tempête qui a manqué nous être funeste, et qui a retardé notre arrivée ici jusqu'à minuit. Les bords du Rhin, depuis Coblentz jusqu'à Bingen, sont très-pittoresques; dans la plus grande partie, ils sont hérissés de rochers, de montagnes très-élevées, sur lesquelles on voit une grande quantité de ruines d'anciens châteaux. On est étonné que des lieux qui paraissent si sauvages aient pu être habités par des créatures humaines. On nous a fait remarquer une tour qui s'élève au milieu du Rhin. Les princesses palatines étaient obligées autrefois de venir habiter cette tour pour donner le jour à leurs enfans. Je ne sais ce qui motivait cet usage, car la tour paraît inhabitable. Elle s'appelle le château de la Souris, et en effet je pense qu'il ne peut convenir qu'à cette espèce d'animaux d'y faire leur demeure. En passant devant Rhinsels et Bacareuch, quelques habitans sont venus dans des bateaux, accompagnés de musique, nous offrir des fruits. En arrivant à Bingen, le Rhin se trouve très-resserré entre des montagnes, et roule ses flots avec une rapidité ef-

frayante, qui n'est pas toujours sans danger (m'a-
t-on dit). Le ciel, qui avait été très-pur, très-se-
rein toute la journée, s'est couvert ce soir de
nuages, et nous avons été surprises par un orage,
épouvantable (ont dit les uns), très-beau, suivant
les autres; car, dans ce monde, presque chaque
chose prend une dénomination relative à l'impres-
sion qu'éprouve celui qui en parle. Je dirai donc
qu'un très-bel orage est venu éclairer notre navi-
gation. Joséphine, et plusieurs dames, un peu ef-
frayées, se sont enfermées dans une petite chambre du yacht; j'ai voulu jouir d'un coup-d'œil
nouveau pour moi. Les éclairs qui se succédaient
rapidement laissaient voir, en arrière de notre
yacht, celui qui portait les femmes et la suite de
l'impératrice. Ses grandes voiles blanches, agitées
par un vent violent, se détachaient sur les nuages
noirs qui obscurcissaient le ciel. Le bruit des vagues et du tonnerre, qui se faisait entendre dou-
blement dans les hautes montagnes entre lesquelles
le Rhin est resserré dans cet endroit, ajoutait
quelque chose de solennel à ce tableau. Peu à
peu, cet orage s'est calmé, et nous sommes arrivées à Bingen, à minuit.

Mayence, le 14 septembre.

Les bords du Rhin, de Bingen à Mayence, sont beaucoup moins pittoresques que ceux que nous avons vus hier. Le pays est plus ouvert. Nous sommes arrivées à trois heures. Nous étions attendues à onze; mais Joséphine, fatiguée, la veille, par l'orage qui avait retardé son arrivée à Bingen, ayant été malade, n'a pu partir aussitôt qu'on le croyait. D'ailleurs, les relais de chevaux qu'on avait placés sur les bords du Rhin pour remonter les yachts, ayant été mal servis, on n'a pas pu arriver plus tôt. Cette circonstance, qui paraît bien indifférente, ne l'a pas été pour Bonaparte. Le hasard a voulu que le courrier qui l'annonçait soit arrivé précisément dans l'instant où l'on commençait à apercevoir les deux yachts de l'impératrice. Toute la population de Mayence était sur le port, depuis onze heures. Des jeunes filles habillées de blanc, portant des corbeilles de fleurs, étaient placées des deux côtés d'un petit pont qu'on avait préparé pour le débarquement. Le général Lorges, commandant la division, le maire, le préfet, étaient là pour recevoir Joséphine, lorsque le courrier qui précédait l'empereur a annoncé son arrivée. Le général Lorges, suivi seulement d'un aide-de-camp, est monté à cheval pour aller le recevoir. Napoléon, en entrant à Mayence, a été surpris désagréablement, en voyant toutes les maisons fermées, pas une seule personne sur son passage, pas un seul cri de Vive l'empereur! Il a cru entrer dans un tombeau. Il était assez simple que tout le peuple qui s'était porté sur le port, depuis onze heures, n'ait pas quitté à l'instant où l'on apercevait les yachts. L'arrivée de l'impératrice, qui devait s'arrêter pour être haranguée, présentait un coup-d'œil plus agréable que la voiture dans laquelle Napoléon était enfermé. Il n'est donc pas étonnant que l'on soit resté sur le bord du Rhin. Il paraît que cette préférence a blessé vivement l'empereur. Les voitures de Joséphine arrivaient dans la cour du palais en même temps que la sienne. Napoléon, en passant devant nous, a fait un petit salut de la tête avec un air d'humeur; mais, comme cela lui arrive souvent, nous l'avons peu remarqué, et nous sommes allées, chacune dans les appartemens qui nous étaient destinés. Ce soir, l'empereur et l'impératrice ayant dîné seuls, nous attendions chez madame de La Rochefoucault l'avertissement qu'on nous donne assez ordinairement à sept heures, pour descendre dans le salon; mais sept, huit, neuf heures ont sonné, et l'on ne venait pas nous chercher. Nous plaisantions sur le long tête-à-tête de Leurs Majestés, lorsqu'on est venu nous avertir. En entrant dans le salon, nous avons été surprises de n'y trouver personne. Peu de temps après, Bonaparte est sorti de la chambre de Joséphine; il a traversé le salon en nous faisant encore son petit salut d'humeur, et il s'est retiré dans son appartement, d'où il n'est pas sorti de la soirée.

L'impératrice ne quittant pas sa chambre, madame de La Rochefoucault y est entrée; elle l'a trouvée pleurant amèrement. Napoléon lui avait fait une scène affreuse qui s'était prolongée jusqu'à ce moment. C'était sa faute si les chevaux avaient eu peine à remonter le Rhin; c'était sa

faute si elle était partie aussi tard de Bingen ; dans
son injuste colère, je ne sais s'il ne lui a point fait
un tort de l'orage qui avait causé son incommodité. Tout, selon lui, avait été arrangé et préparé
par elle pour arriver à la même heure que lui. Il
lui a reproché d'aimer à capter les suffrages ; enfin,
il lui a fait la scène la plus violente, la plus dérai-
sonnable qu'on puisse imaginer, et sûrement la
moins méritée. Ah ! ce vieux adage qui dit qu'il
n'y a point de héros pour les valets de chambre,
est plus vrai qu'on ne pense. Nous voyons celui-ci
de moins près que ne le voit son valet de chambre,
et cependant que de petitesses nous découvrons
chaque jour en lui *!

Mayence, le 16 septembre.

Ce matin devaient avoir lieu les présentations

* J'ai été quinze ans valet de chambre de l'empereur, et je ne
suis point de l'avis de l'auteur du journal.

(*Note de Constant.*)

des princes de Bade, et celle de l'électeur archi-chancelier *.

Après la présentation, ces princes devaient demander la permission à l'impératrice de lui nommer une partie des officiers de leur maison, et un neveu de l'archi-chancelier.

En recevant les instructions de Napoléon sur l'étiquette de cette présentation, Joséphine lui a demandé quelle était celle à suivre pour son fils; car enfin il fallait bien qu'il fût nommé aux princes. Bonaparte, qui n'avait pas pensé à cela, et qui se fâche toujours quand il est pris au dépourvu sur un sujet quelconque, a répondu avec humeur que son fils ne serait pas présenté; qu'il n'en voyait pas la nécessité. Joséphine, très-bonne, très facile, très-faible même dans presque toutes les circonstances, a un courage extrême et beaucoup de fermeté pour tout ce qui concerne ses enfans. Elle a représenté à l'empereur que, pour

* Depuis, grand duc de Francfort.

elle et pour lui-même, il n'était pas convenable que le fils de l'impératrice fût compté pour rien ; qu'elle n'avait jamais rien demandé pour elle ; et elle a eu le courage d'ajouter qu'elle n'avait pas pleuré pour être princesse * ; mais que, son fils devant dîner chez elle avec ces princes, il fallait bien qu'il leur fût nommé ; que dans l'ancien régime, si M. de Beauharnais (quoique non présenté à la cour de France) eût voyagé en Allemagne, il eût été admis partout. Ces derniers mots ont enflammé la colère de Napoléon à un point excessif. Il lui a dit qu'elle citait toujours *son impertinent ancien régime* (c'est l'expression dont il s'est servi); et qu'après tout, son fils pouvait ne pas dîner ce jour-là chez elle **.

---

* Faisant allusion aux sœurs de Bonaparte auxquelles on n'avait pas pensé dans le premier moment qu'on créa l'empire , et qui vinrent tourmenter leur frère le lendemain pour les titres qu'elles voulaient avoir , ce qui donna lieu à beaucoup de plaisanteries dans le public.

** On voit par cette scène ridicule , combien Bonaparte était esclave de l'étiquette et de minuties misérables , puisque, dans cette circonstance , il se laissa emporter par la colère , jusqu'à dire des choses très-dures à Joséphine, pour elle et pour son fils.

Il est sorti après ces mots, laissant Joséphine bien peu disposée à paraître dans le salon, pour la présentation. Pendant une demi-heure qu'elle y a passé, en attendant les princes, elle n'a pas cessé d'essuyer ses yeux, qui étaient encore gonflés de larmes lorsqu'ils ont paru. Pendant qu'elle avait cette scène avec l'empereur, M. de Talleyrand, qui, par les prérogatives de sa place, devait désigner les grands officiers de la couronne qui devaient aller prendre les princes à la portière de leurs carrosses, et qui ne néglige pas une occasion de causer une contrariété à Joséphine, a dit à son fils qu'il était désigné pour recevoir les princes. Eugène, qui a parfaitement le sentiment des convenances, et qui trouvait qu'il était ridicule que le fils de l'impératrice fût confondu dans le cortége des princes qui allaient lui être présentés, a répondu, avec cette simplicité digne qu'il possède si bien, qu'il s'y trouverait, si toutefois il lui était démon-

Cependant il aimait le prince Eugène autant qu'il était susceptible d'aimer, et peu de temps après il leur en donna la preuve, comme chacun sait.

tré qu'il dût s'y trouver. Il est venu conter à sa mère ce petit trait de malveillance de M. de Talley-rand; et il est convenu avec elle qu'il n'accompagnerait pas les princes; qu'il se rendrait le soir, dans le salon, un peu avant six heures, que Joséphine y serait pour le présenter. Tout cela s'est bien passé; Bonaparte n'est arrivé dans le salon qu'après six heures, à l'instant de se mettre à table; il ne s'est point informé si la présentation avait eu lieu; sa colère était calmée.

Lorsqu'il y a des princes à dîner, la dame d'honneur doit y être, avec une ou deux dames du palais. J'étais désignée aujourd'hui. Les princes de Nassau-Weilbourg, d'Issembourg, de Nassau-Usingen sont venus ce soir au cercle, qui était très-brillant.

Mayence, le 17 septembre.

Nous remarquions ce soir, madame de La Rochefoucault et moi, une chose bien extraordinaire; c'est l'empressement de M. de Caulincourt envers

les princes de Bade*. Il se croit obligé de leur faire
les honneurs du salon. Lorsque je sus que ces
princes seraient ici, j'étais très-curieuse d'observer leur première entrevue avec lui. Je supposais
que, ne les ayant point vus depuis l'enlèvement
qu'il avait fait, dans leurs états, du duc d'Enghien,
et cet enlèvement ayant eu des suites si funestes,
il devait, en se tenant à l'écart, en évitant de renouveler par sa vue le souvenir de l'affront cruel qu'il
leur a fait, leur témoigner tacitement par sa contenance que, lorsqu'il exécuta cet ordre, il était
loin d'en prévoir l'horrible suite. Mais je m'étais
bien trompée : il est allé à eux avec une gaîté qui
paraissait fort naturelle. Dès que les princes arrivent, il est près d'eux, il s'en empare absolument ;
il semble que la connaissance qu'il a faite avec eux
d'une manière si funeste soit un titre à leur bienveillance. Cette conduite me confond. Il faut
n'avoir pas le moindre tact, pas le plus léger sentiment des convenances, pour en agir ainsi. Le

* Voir ci-dessus la note de l'éditeur sur M. le duc de Vicence.

père, déjà vieux, craintif, comme on l'est à cet âge, tremblant toujours de voir la main toute-puissante de l'empereur le rayer du nombre des souverains, n'a presque rien témoigné extérieurement, en voyant M. de Caulaincourt *; la contenance de son petit-fils, le prince héréditaire, qui n'a encore aucun caractère, et, je crois, assez peu d'esprit, n'a pas mieux indiqué ce qui se passait en eux; mais à l'égard du prince Louis **, je remarque que, chaque fois que M. de Caulaincourt s'approche d'eux, il se retire en arrière de son père et de son neveu, et qu'il évite, autant qu'il est possible, de parler avec lui; mais cette réserve n'ôte rien à l'aisance de M. de Caulaincourt. Quand je dis aisance, tout est relatif: car personne n'en possède moins que lui. On le prendrait plutôt pour un

---

* Aujourd'hui grand duc de Bade.

** Nous avons démontré plus haut que les princes de Bade n'avaient rien à *témoigner extérieurement* à M. de Caulaincourt, et que *l'aisance* de celui-ci ne pouvait étonner qu'une personne prévenue d'avance contre lui, par trop de confiance dans une imputation matériellement fausse.

(*Note de l'éditeur.*)

Prussien que pour un officier français; ses phrases même ont quelque chose de la tournure allemande; car en parlant à l'empereur ou à l'impératrice, il ne manque jamais de dire *oui*, ou *non; votre Majesté*. Il est extraordinaire que M. de Caulaincourt, dont les parens étaient à la cour, n'en connaisse pas mieux les usages *.

Le 18 septembre

Je trouve que l'empereur ressemble beaucoup à cet homme qui, ennuyé des raisonnemens qu'une personne sage apportait en preuve de son opinion, s'écria : *Hé! Monsieur, je ne veux pas qu'on me*

---

* Chacun son métier; c'était dans les camps que M. de Caulaincourt avait fait son apprentissage de courtisan; il pouvait donc bien ne pas y être tout-à-fait aussi rompu que l'avaient été ses parens *qui étaient à l'ancienne cour*. Au reste, nous avons souvent ouï parler, dans un tout autre sens, et nous avons pu juger nous-même des manières de M. le duc de Vicence.

(*Note de l'éditeur.*)

prouve. Il était bien tenté d'en dire autant ce soir. Le prince archi-chancelier, qui possède particulièrement cet esprit d'analyse qui décompose jusqu'au dernier principe d'une idée, discutait avec lui une question métaphysique de Kant; mais l'empereur a tranché la question en disant que Kant était obscur, qu'il ne l'aimait pas; et il a quitté brusquement le prince, qui est venu s'asseoir près de moi. Il y avait pour un observateur un combat très-plaisant entre la volonté déterminée du prince courtisan de tout admirer dans l'empereur, et le petit mécontentement d'avoir été arrêté au milieu de sa discussion sur son cher philosophe; car il est grand partisan de Kant. Il m'a dit, en thèse générale, que souvent on déprisait les ouvrages de pur raisonnement, uniquement par la peine qu'il faut se donner pour les comprendre; qu'on ne tient pour bien pensé que ce qu'on entend sans peine; mais qu'il en est d'une idée profonde, comme de l'eau, dont la profondeur ternit la limpidité; et que rien n'est plus facile, avec le secours des idées intermédiaires, que d'élever les esprits (même les plus médiocres) jusqu'aux plus hautes

conceptions; qu'il ne faut pour cela que perfec-
tionner l'analyse et décomposer une question;
que, si le fond en est vrai, on peut toujours la
réduire à un point simple. J'ai profité de son petit
mouvement d'humeur contre l'empereur (humeur
dont il ne serait pas convenu pour toutau monde),
et j'ai trouvé un grand plaisir à causer avec lui.

Mayence, le 19 septembre.

La princesse de Hesse-Darmstaëdt, son fils le
prince héréditaire, et la jeune princesse Willel-
mine de Bade qu'il vient d'épouser, arrivent
demain. Joséphine ne peut dissimuler une vive
curiosité de voir cette jeune femme. C'est elle
dont M. de Talleyrand parlait à l'empereur comme
de la plus jolie personne de l'Europe, lorsqu'il
l'engageait dernièrement à divorcer. J'entendais
ce soir Joséphine qui faisait à son frère, le prince
héréditaire, une foule de questions sur sa sœur
On voit que, quoique rassurée sur les craintes

d'un divorce, elle serait fâchée que sa vue pût donner quelques regrets à l'empereur.

Le 20 septembre.

Enfin nous avons vu cette princesse si vantée! et jamais il n'y eut surprise si générale. On ne peut imaginer comment on a pu lui trouver quelque agrément. Elle est, je ne dirai pas d'une grandeur, mais d'une longueur démesurée. Il n'y a pas la moindre proportion dans sa taille, beaucoup trop mince et dépourvue tout-à-fait de grâce. Ses yeux sont petits : sa figure longue et sans expression. Elle a la peau très blanche, peu de coloris. Il est possible que, dans quelques années, quand elle sera formée, elle soit assez belle femme; mais, quant à présent, elle n'est nullement séduisante. J'étais charmée que Joséphine ait eu ce petit triomphe dont elle a bien joui. Jamais peut-être elle n'a eu autant de grâce qu'elle en a mis dans cette réception. En général, on est si bienveillant, si gracieux, quand on est heureux. On voyait qu'elle

était ravie de trouver la princesse si peu agréable,
et si différente de ce qu'on en avait dit à Napoléon.
La princesse-mère a dû être charmante : elle a la
physionomie la plus spirituelle et la plus agréable.
Elle a beaucoup de vivacité et d'esprit. C'est elle
qui gouverne entièrement ses petits états et son
mari. Son fils, le prince héréditaire, est très-grand
et très-beau; mais je crois que, lorsqu'on a dit
cela de lui, on a tout dit.

Le 20 septembre 1804.

Le prince de Nassau-Weilbourg ayant laissé son
yacht ici aux ordres de Joséphine, pour tout le
temps qu'elle y passera, nous nous en sommes
servies ce matin pour aller déjeuner dans une île
du Rhin, près de Mayence, où était autrefois la
maison de campagne de l'électeur, appelée *la Favorite*. Il n'en reste aucune trace : elle a été démolie.
Cette île, ainsi que les environs de Mayence, offre
une image assez triste des suites de la guerre. On
n'y voit pas un arbre. Lorsque nous sommes arri-

vées , nous avons trouvé le déjeuner prêt. Pendant qu'on était à table, l'empereur a aperçu une pauvre femme qui, n'osant s'avancer, regardait de loin ce spectacle si nouveau pour elle ; il lui a fait donner l'ordre de s'approcher. Lorsqu'elle a été près de la table, il lui a fait demander en allemand (car elle n'entend pas le français) si jamais elle avait rêvé qu'elle fût riche, et ; dans ce cas, qu'est-ce qu'elle avait cru posséder. Cette pauvre femme avait beaucoup de peine à comprendre cette question , et encore plus à y répondre. Enfin , elle a dit qu'elle pensait qu'une personne qui avait 5oo florins était la plus riche qu'il y eût au monde. « Son rêve est » un peu cher, a dit l'empereur; mais n'importe , » il faut le réaliser. » Aussitôt, ces messieurs ont pris tout l'or qu'ils avaient sur eux, et on lui a compté cette somme. C'était la chose la plus touchante que l'étonnement et la joie de cette femme; ses mains laissaient échapper l'or qu'elles ne pouvaient contenir ; tous les yeux étaient mouillés de larmes d'attendrissement, en voyant la surprise et le bonheur de cette pauvre créature. J'ai regardé l'empereur dans cet instant ; je pensais qu'il devait être si heureux! Non, sa physionomie ne peignait rien, absolument rien..... qu'un peu d'humeur. « J'ai déjà demandé deux fois la même chose, » a-t-il dit, mais leurs rêves étaient plus modérés; » elle est ambitieuse, cette bonne femme.» Il n'avait, dans ce moment, d'autre sensation que le regret qu'elle eût tant demandé. Qu'il est malheureux cet homme! A quoi lui sert son immense pouvoir, s'il ne sait pas jouir du bonheur qu'il peut répandre ?... Après le déjeuner, on s'est dispersé dans l'île pour se promener. L'impératrice, accompagnée seulement par moi et deux autres personnes, a rencontré une jeune femme qui allaitait son enfant. Sa situation n'était pas très-heureuse. Joséphine avait sur elle seulement cinq pièces de vingt francs; elle les a données à cette femme sans appareil, sans ostentation, et une larme d'attendrissement est tombée sur l'enfant qu'elle avait pris dans ses bras, et qui la caressait avec ses petites mains, comme s'il eût senti le bien qu'elle venait de faire à sa mère, et qu'il voulût l'en remercier. En revenant à Mayence, l'empereur a beaucoup causé, ou, pour mieux dire, beaucoup parlé , car il ne cause jamais. Je n'oublierai de ma vie la singulière définition qu'il nous a donnée du bonheur et du malheur. « Il n'y a, a-t-il dit, ni » bonheur ni malheur dans le monde ; la seule dif- » férence , c'est que la vie d'un homme heureux » est un tableau à fond d'argent avec quelques » étoiles noires , et la vie d'un homme malheureux » est un fond noir avec quelques étoiles d'argent. » Si l'on comprend cette définition , je trouve qu'on est bien habile ; quant à moi, je ne l'entends pas du tout ; et je n'ai pas la ressource d'appliquer le précepte de l'archi-chancelier, qui prétend que la question métaphysique la plus obscure (si toutefois elle repose sur une idée vraie) peut toujours être entendue avec le secours de l'analyse. Ici , je décompose , j'analyse, et je trouve.... zéro.

Mayence , le 22 septembre 1804.

Hier, les deux princesses de Hesse-Darmstadt qui devaient quitter Mayence aujourd'hui, étaient à dîner. Le soir, on est allé au théâtre. Ces dames n'avaient pas de schalls ; et Joséphine, ayant craint qu'elles n'eussent froid, en a fait demander deux pour les leur prêter. Ce matin, en partant, la princesse mère a écrit un billet très-spirituel, très-aimable à l'impératrice, pour dire qu'elle gardait les schalls comme un souvenir. Le billet était fort bien tourné, mais j'ai cru voir qu'il ne consolait pas Joséphine de la privation des deux schalls qui se trouvaient être précisément les deux plus beaux de ses schalls blancs. Elle eût autant aimé que ses femmes en eussent choisi d'autres.

Mayence, le 24 septembre.

Hier, en quittant le salon, nous sommes parties, madame de La Rochefoucault et moi, pour Francfort *.

* A cette époque où s'est formée la confédération du Rhin, Francfort n'en faisait pas encore partie, et Bonaparte était très-indisposé contre cette ville, qui était l'entrepôt général des marchandises anglaises.

Nous espérions que cette course rapide pourrait être ignorée de l'empereur. Nous avons passé la matinée à visiter la ville, à acheter quelques marchandises anglaises, que Joséphine nous avait prié de lui rapporter; car elle était dans notre confidence. Nous avons quitté Francfort à trois heures après midi, avec l'intention d'arriver à Mayence, à six. Ayant été désignée hier pour le dîner, je ne devais pas m'attendre à l'être encore aujourd'hui, et je pensais avoir tout le temps nécessaire pour me reposer, faire ma toilette et paraître à huit heures dans le salon. Quant à madame de Larochefoucault, sa santé est si faible qu'elle comptait se faire excuser de ne pas paraître ce soir, en prétextant qu'elle était incommodée. Mais tout cet arrangement s'est trouvé détruit, au moins relativement à moi. En arrivant, j'ai trouvé un billet du premier chambellan, qui me désignait pour le dîner. Il était six heures moins dix minutes; à six heures cinq, j'étais à table. J'avais cherché à réparer, par le choix d'une très-belle robe, la précipitation de ma toilette. Tout en mangeant mon potage, je me félicitais d'être arrivée assez tôt pour ne pas trahir le secret

de notre voyage; lorsque l'empereur, avec un
sourire un peu ironique, m'a dit que ma robe
était bien belle, et m'a demandé si je l'avais rap-
portée de Francfort. Il n'y avait plus moyen de
nier notre voyage; il fallait en rire, et tourner la
chose en plaisanterie, pour que l'empereur ne s'en
fâchât pas, et c'est ce que j'ai fait. Il a demandé si
nous avions rapporté beaucoup de marchandises
anglaises; mais comme rien apparemment ne l'avait
contrarié aujourd'hui, il était dans une disposition
d'esprit assez bienveillante, il ne s'est fâché qu'à
moitié.

Mayence, le 25 septembre.

La ville de Mayence donnait un grand bal aujourd'hui à l'impératrice; mais étant très-incom-
modée, il lui paraissait impossible de s'y rendre;
elle était dans son lit à cinq heures, avec une forte
transpiration de la fièvre. Napoléon est entré chez
elle, il lui a dit qu'il fallait qu'elle se levât, qu'elle
allât à ce bal. Joséphine lui ayant représenté ses

souffrances et le danger de se découvrir, ayant une éruption très-forte à la peau, Bonaparte l'a tirée brusquement de son lit, par un bras, et l'a forcée de faire sa toilette. Madame de La Rochefoucault, qui a été témoin de cette action brutale, me l'a contée, les larmes aux yeux; Joséphine, avec sa douceur, sa soumission si touchante, s'est habillée, et a paru une demi-heure au bal.

Mayence, le 26 septembre.

En entendant Napoléon appeler les princesses de Nassau qui étaient au cercle, *mesdemoiselles*, je souffrais incroyablement. Quelque peu d'attraits que cette cour ait pour moi, il n'en est pas moins vrai que j'en fais partie dans cet instant; et je suis humiliée comme française, que le souverain à la suite duquel je me trouve, ait si peu l'habitude des usages des cours. Comment ignore-t-il que les princes, entre eux, se donnent leurs titres respectifs, sans pour cela déroger à leur puissance? Mais Bonaparte croirait compromettre tout-à-fait la

sienne, s'il en usait ainsi. Il ne manque jamais de
dire au prince archi-chancelier, *monsieur l'électeur*, et *mademoiselle*, à toutes les princesses;
j'en ai vu plus d'une sourire un peu ironique-
ment.

Mayence, le 27 septembre 1804.

L'impératrice a passé le Rhin ce matin, pour
aller faire une visite au prince et à la princesse de
Nassau, au château de Biberich, près de Mayence.
Les troupes du prince étaient sous les armes; tous
les officiers de sa petite cour, en grande tenue.
Un déjeuner très-élégant était servi dans une salle,
dont la vue s'étend au loin sur le Rhin, et offre un
coup-d'œil magnifique. C'est une grande et superbe habitation. En revenant à Mayence, les
troupes du prince ont accompagné l'impératrice
jusqu'au bord du Rhin.

Mayence, le 28 septembre.

Napoléon a dit aujourd'hui, devant quarante personnes, à madame Lorges, dont le mari commande la division : « Ah ! madame, quelle horreur que votre robe ! c'est tout-à-fait une vieille tapisserie. C'est bien là le goût allemand ! » (Madame Lorges est allemande.) Je ne sais si la robe est dans le goût allemand, mais ce que je sais mieux, c'est que ce compliment n'est pas dans le goût français.

Mayence, le 29 septembre.

Ce soir, en causant dans un coin du salon, avec deux personnes, je ne sais comment la conversation m'a amenée à parler de cet empereur de la Chine, qui demandait à Confucius de quelle manière on parlait de lui, de son gouvernement. « Chacun se » tait, lui dit le philosophe, tous gardent le si- » lence. » C'est ce que je veux, reprit l'empereur,

Napoléon, qui était assez près de moi, causant avec le prince d'Issembourg, s'est retourné vivement. Je vivrais mille ans, que je n'oublierais jamais le regard menaçant qu'il m'a lancé. Je ne me suis pas troublée ; j'ai continué ma conversation, et j'ai ajouté que cet empereur de la Chine ressemblait à beaucoup d'autres, qui sont comme les petits hiboux qui crient quand on porte de la lumière dans leur nid. Je ne sais si Napoléon a saisi le sens de cette dernière phrase ; mais il a probablement senti qu'il avait eu tort de paraître se faire l'application de l'histoire de l'empereur chinois, et sa figure a repris cette immobilité, ce défaut total d'expression qu'il sait se donner à volonté.

1er octobre 1804.

Nous avons quitté Mayence hier, pour retourner à Paris, où nous serons dans peu de jours. Les autorités de tous les pays que nous traversons se donnent une peine incroyable pour composer des harangues ; mais en vérité, ce sont des soins perdus ;

car je remarque qu'elles sont toutes les mêmes.
Depuis celle du maire d'un petit village allemand,
jusqu'à celle du président du sénat, on pourrait
toutes les traduire par cette fable, dans laquelle le
renard dit au lion :

« Vous leur fîtes, seigneur,
» En les croquant, beaucoup d'honneur. »

CHAPITRE II.

PORTRAIT DE L'EMPEREUR. — Intérêt attaché aux moindres détails concernant les personnages historiques. — Fleury et Michelot dans le rôle du grand Frédéric. — Les Mémoires de Constant consultés par les auteurs et par les artistes.— Bonaparte au retour d'Égypte. — Son portrait par M. Horace Vernet. — Front de Bonaparte. — Ses cheveux. — Couleur et expression de ses yeux. — Sa bouche, ses lèvres et ses dents. — Forme de son nez. — Ensemble de sa figure. — Sa maigreur extrême. — Circonférence et forme de sa tête. — Nécessité de ouater et de briser ses chapeaux. — Forme de ses oreilles. — Délicatesse excessive. — Taille de l'empereur. — Son cou. — Ses épaules. — Sa poitrine. — Sa jambe et son pied. — Ses pieds. — Beauté de sa main et sa coquetterie sur cet article. — Habitude de se ronger légèrement les ongles. — Embonpoint venu avec l'empire. — Teint de l'empereur. — Tic singulier. — Particularité remarquable sur le *cœur* de Napoléon. — Durée de son dîner. — Sage précaution

de Talleyrand endormi dans la chambre de l'empereur. — Boissons de l'empereur pendant la nuit. — Excessive économomie de l'empereur dans son intérieur. — Les étrennes de Constant. — Le piucement d'oreilles. — Tendresses et familiarités impériales. — Le prince de Neuchâtel.

———————

Rien n'est à dédaigner dans ce qui se rapporte aux grands hommes. La postérité se montre avide de connaître jusque dans les plus petites circonstances leur genre de vie, leur manière d'être, leurs penchans, leurs moindres habitudes. Lorsqu'il m'est arrivé d'aller au théâtre, soit dans mes courts momens de loisir, soit à la suite de Sa Majesté, j'ai remarqué combien les spectateurs aimaient à voir sur la scène quelque grand personnage historique représenté avec son costume, ses gestes, ses attitudes et même ses infirmités et ses défauts, tels que des contemporains en ont transmis la description. J'ai toujours pris moi-même le plus grand plaisir à voir ces portraits vivans des hommes célèbres. C'est ainsi que je me souviens fort bien de n'avoir jamais trouvé autant d'agrément au théâtre que le jour où je vis pour la première fois jouer la charmante pièce des *Deux*

Pages. Fleury, chargé du rôle du grand Frédéric, rendait si parfaitement la démarche lente, la parole sèche, les mouvemens brusques et jusqu'à la myopie de ce monarque, que, dès qu'il entrait en scène, toute la salle éclatait en applaudissemens. C'était, au dire des personnes assez instruites pour en juger, l'imitation la plus parfaite et la plus fidèle. Pour moi, je ne saurais dire si la ressemblance était exacte, mais je sentais que nécessairement elle devait l'être. Michelot, que j'ai vu depuis dans le même rôle, ne m'a pas fait moins de plaisir que son devancier. Sans doute ces deux habiles acteurs ont puisé aux bonnes sources pour connaître et retracer ainsi les manières de leur modèle. J'éprouve, je l'avoue, quelque orgueil à penser que ces mémoires pourront procurer aux lecteurs quelque chose de semblable au plaisir que j'ai essayé de peindre ici ; et que, dans un avenir encore éloigné sans doute, mais qui pourtant ne peut manquer d'arriver, l'artiste qui voudra faire revivre et marcher devant des spectateurs le plus grand homme de ce temps sera obligé, s'il veut être imitateur fidèle, de se régler sur le portrait que, mieux que personne, je puis tracer d'après nature. Je crois d'ailleurs que personne ne l'a fait encore, du moins avec autant de détail.

A son retour d'Egypte, l'empereur était fort maigre et très-jaune, le teint cuivré, les yeux assez enfoncés, les formes parfaites, bien qu'un peu grêles alors. J'ai trouvé fort ressemblant le portrait qu'en a fait M. Horace Vernet, dans son tableau d'*Une revue du premier consul sur la place du Carrousel.* Son front était très-élevé et découvert; il avait peu de cheveux, surtout sur les tempes; mais ils étaient très-fins et très-doux. Il les avait châtains, et les yeux d'un beau bleu, qui peignaient d'une manière incroyable les diverses émotions dont il était agité, tantôt extrêmement doux et caressans, tantôt sévères et même durs. Sa bouche était très-belle, les lèvres égales et un peu serrées, particulièrement dans la mauvaise humeur. Ses dents, sans être rangées fort régulièrement, étaient très-blanches et très-bonnes; jamais il ne s'en est plaint. Son nez, de forme grecque, était irréprochable, et son odorat excessivement fin. Enfin, l'ensemble de sa figure était régulièrement beau. Cependant, à cette époque, sa maigreur extrême empêchait qu'on ne distinguât cette beauté des traits, et il en résultait pour toute sa physionomie un effet peu agréable. Il aurait fallu détailler ses traits un à un pour recomposer ensuite et comprendre la régularité parfaite et la beauté du tout. Sa tête était très-forte, ayant vingt-deux pouces de circonférence; elle était un peu plus longue que large, par conséquent un peu aplatie sur les tempes; il l'avait extrêmement sensible; aussi je lui faisais ouater ses chapeaux, et j'avais soin de les porter quelques jours dans ma chambre pour les briser. Ses oreilles étaient petites, parfaitement faites et bien placées. L'empereur avait aussi les pieds extrêmement sensibles; je faisais porter ses bottes et ses souliers par un garçon de garde-robe, appelé Joseph, qui avait exactement le même pied que l'empereur.

Sa taille était de cinq pieds deux pouces trois lignes; il avait le cou un peu court, les épaules effacées, la poitrine large, très-peu velue, la cuisse et la jambe moulées; son pied était petit, les doigts bien rangés et tout-à-fait exempts de cors ou durillons; ses bras étaient bien faits et bien attachés; ses mains, admirables; et les ongles ne les déparaient pas; aussi en avait-il le plus grand soin, comme, au reste, de toute sa personne, mais sans afféterie. Il se rongeait souvent les ongles, mais légèrement; c'était un signe d'impatience ou de préoccupation.

Plus tard il engraissa beaucoup, mais sans rien

perdre de la beauté de ses formes; au contraire, il était mieux sous l'empire que sous le consulat; sa peau était devenue très-blanche, et son teint animé.

L'empereur, dans ses momens ou plutôt dans ses longues heures de travail et de méditation, avait un *tic* particulier qui semblait être un mouvement nerveux, et qu'il conserva toute sa vie; il consistait à relever fréquemment et rapidement l'épaule droite, ce que les personnes qui ne lui connaissaient pas cette habitude interprétaient quelquefois en geste de mécontentement et de désapprobation, cherchant avec inquiétude en quoi et comment elles avaient pu lui déplaire. Pour lui, il n'y songeait pas, et répétait coup sur coup le même mouvement, sans s'en apercevoir.

Une particularité très-remarquable, c'est que l'empereur ne sentit jamais battre son cœur. Il l'a dit souvent à M. Corvisart ainsi qu'à moi, et plus d'une fois il nous fit passer la main sur sa poitrine, pour que nous fissions l'épreuve de cette exception singulière; jamais nous n'y sentîmes aucune pulsation.

L'empereur mangeait très-vite : à peine s'il restait douze minutes à table. Lorsqu'il avait fini de dîner, il se levait et passait dans le salon de famille; mais l'impératrice Joséphine restait et faisait signe aux convives d'en faire autant; quelquefois pourtant elle suivait Sa Majesté, et alors sans doute les dames du palais se dédommageaient dans leurs appartemens, où on leur servait ce qu'elles désiraient.

Un jour que le prince Eugène se levait de table immédiatement après l'empereur, celui-ci se retournant lui dit : « Mais tu n'as pas eu le temps de » dîner, Eugène? — Pardonnez-moi, répondit le » prince, j'avais dîné d'avance. » Les autres convives trouvèrent sans doute que ce n'était pas *la précaution inutile*. C'était avant le consulat que les choses se passaient ainsi ; car depuis, l'empereur, même lorsqu'il n'était encore que premier consul, dînait en tête à tête avec l'impératrice, à moins qu'il n'invitât à sa table quelqu'une des personnes de sa maison, tantôt l'une, tantôt l'autre, et toutes recevaient cette faveur avec joie. A cette époque, il y avait déjà une cour.

Le plus souvent, l'empereur déjeunait seul sur un guéridon d'acajou, sans serviette. Ce repas, plus court encore que l'autre, durait de huit à dix minutes.

Je dirai tout à l'heure quel fâcheux effet la mauvaise habitude de manger trop vite produisait souvent sur la santé de l'empereur. Outre cette habitude, et même par un premier effet de sa précipitation, il s'en fallait de beaucoup que l'empereur mangeât proprement. Il se servait volontiers de ses doigts au lieu de fourchette ou même de cuiller; on avait soin de mettre à sa portée le plat qu'il préférait. Il prenait à même, à la façon que je viens de dire, trempait son pain dans la sauce et dans le jus, ce qui n'empêchait pas le plat de circuler; en mangeait qui pouvait, et il y avait peu de convives qui ne le pussent pas. J'en ai même vu qui avaient l'air de considérer ce singulier acte de courage comme un moyen de faire leur cour. Je veux bien croire aussi qu'en plusieurs leur admiration pour Sa Majesté faisait taire toute répugnance, par la même raison qu'on ne se fait aucun scrupule de manger dans l'assiette et de boire dans le verre d'une personne que l'on aime, fût-elle d'ailleurs peu recherchée sur la propreté; ce que l'on ne voit pas, parce que la passion est aveugle. Le plat que l'empereur aimait le plus était cette espèce de fricassée de poulet à laquelle cette préférence du vainqueur de l'Italie fit donner le nom de poulet à la Marengo; il mangeait aussi volontiers des haricots, des lentilles, des côtelettes, une poitrine de mouton grillée, un poulet rôti. Les mets les plus simples étaient ceux qu'il aimait le mieux; mais il était difficile sur la qualité du pain. Il n'est pas vrai que l'empereur fît, comme on l'a dit, un usage immodéré du café. Il n'en prenait qu'une demi-tasse après son déjeuner et une autre après son dîner. Cependant il a pu lui arriver quelquefois, lorsqu'il était dans ses momens de préoccupation, d'en prendre, sans s'en apercevoir, deux tasses de suite. Mais alors le café, pris à cette dose, l'agitait et l'empêchait de dormir; souvent aussi il lui était arrivé de le prendre froid, ou sans sucre, ou trop sucré. Pour remédier à tous ces inconvéniens, l'impératrice Joséphine se chargea du soin de verser à l'empereur son café, et l'impératrice Marie-Louise adopta aussi cet usage. Lorsque l'empereur, après s'être levé de table, passait dans le petit salon, un page l'y suivait portant sur un plateau en vermeil une cafetière, un sucrier et une tasse. Sa Majesté l'impératrice versait elle-même le café, le sucrait, en humait quelques gouttes pour le goûter, et l'offrait à l'empereur.

L'empereur ne buvait que du chambertin, et

rarement pur. Il n'aimait guère le vin, et s'y connaissait mal. Cela me rappelle qu'un jour, au camp de Boulogne, ayant invité à sa table plusieurs officiers, Sa Majesté fit donner de son vin au maréchal Augereau, et lui demanda avec un certain air de satisfaction comment il le trouvait. Le maréchal le dégusta quelque temps en faisant claquer sa langue contre son palais, et finit par répondre: *Il y en a de meilleur*, de ce ton qui n'était pas des plus insinuans. L'empereur, qui pourtant s'attendait à une autre réponse, sourit, comme le reste des convives, de la franchise du maréchal.

Il n'est personne qui n'ait entendu dire que Sa Majesté prenait les plus grandes précautions pour n'être point empoisonnée. C'est un conte à mettre avec celui de la cuirasse à l'épreuve de la balle et du poignard. L'empereur poussait au contraire beaucoup trop loin la confiance : son déjeuner était apporté tous les jours dans une antichambre ouverte à tous ceux à qui il avait accordé une audience particulière, et ils y attendaient quelquefois des heures de suite. Le déjeuner de Sa Majesté attendait aussi fort long-temps; on tenait les plats aussi chauds que l'on pouvait, jusqu'au moment où elle sortait de son cabinet pour se mettre à table. Le dîner de Leurs Majestés était porté des cuisines aux appartemens supérieurs dans des paniers couverts; mais il n'eût point été difficile d'y glisser du poison; néanmoins jamais aucune tentative de ce genre n'entra dans la pensée des gens de service, dont le dévouement et la fidélité à l'empereur, même chez les plus subalternes, surpassaient tout ce que j'en pourrais dire.

L'habitude de manger précipitamment causait parfois à Sa Majesté de violens maux d'estomac qui se terminaient presque toujours par des vomissemens. Un jour, un des valets de chambre de service vint en grande hâte m'avertir que l'empereur me demandait instamment; que son dîner lui avait fait mal, et qu'il souffrait beaucoup. Je cours à la chambre de Sa Majesté, et je la trouve étendue tout de son long sur le tapis; c'était l'habitude de l'empereur lorsqu'il se sentait incommodé. L'impératrice Joséphine était assise à ses côtés, et la tête du malade reposait sur ses genoux. Il geignait et pestait alternativement ou tout à la fois, car l'empereur supportait ce genre de mal avec moins de force que mille accidens plus graves que la vie des camps entraîne avec elle; et le héros d'Arcole, celui dont la vie avait été risquée dans cent batailles, et même ailleurs que dans les combats, sans étonner

son courage, se montrait on ne peut plus douillet pour un *bobo*. Sa majesté l'impératrice le consolait et l'encourageait de son mieux; elle, si courageuse lorsqu'elle avait de ces migraines qui, par leur violence excessive, étaient une véritable maladie, aurait, si cela eût été possible, pris volontiers le mal de son époux, dont elle souffrait peut-être autant que lui-même en le voyant souffrir. « Constant, me dit-elle dès que j'entrai, ar-
» rivez vite, l'empereur a besoin de vous; faites-
» lui du thé et ne sortez pas qu'il ne soit mieux. »
A peine Sa Majesté en eut-elle pris trois tasses que déjà le mal diminuait; elle continuait de tenir sa tête sur les genoux de l'impératrice, qui lui caressait le front de sa main blanche et potelée, et lui faisait aussi des frictions sur la poitrine. « Te
» sens-tu mieux? Veux-tu te coucher un peu? Je
» resterai près de ton lit avec Constant. » Cette tendresse n'était-elle pas bien touchante, surtout dans un rang si élevé? Mon service intérieur me mettait souvent à portée de jouir de ce tableau d'un bon ménage.

Pendant que je suis sur le chapitre des maladies de l'empereur, je dirai quelques mots de la plus grave qu'il ait eue, si l'on en excepte celle qui causa sa mort.

Au siége de Toulon, en 1793, l'empereur n'étant encore que colonel d'artillerie, un canonnier fut tué sur sa pièce. *Le colonel Bonaparte* s'empara du refouloir et chargea lui-même plusieurs coups. Le malheureux artilleur avait ou plutôt avait eu une gale de la nature la plus maligne, et l'empereur en fut infecté. Il ne parvint à s'en guérir qu'au bout de plusieurs années, et les médecins pensaient que cette maladie mal soignée avait été cause de l'extrême maigreur et du teint bilieux qu'il conserva long-temps. Aux Tuileries, il prit des bains sulfureux et garda quelque temps un vésicatoire. Jusque là il s'y était toujours refusé, parce que, disait-il, il n'avait pas le temps de s'écouter. M. Corvisart avait vivement insisté pour un cautère. Mais l'empereur, qui tenait à conserver intacte la forme de son bras, ne voulut point de ce remède.

C'est à ce même siége qu'il avait été élevé du grade de chef de bataillon à celui de colonel, à la suite d'une brillante affaire contre les Anglais, dans laquelle il avait reçu, à la cuisse gauche, un coup de baïonnette dont il me montra souvent la cicatrice. La blessure qu'il reçut au pied, à la bataille de Ratisbonne, ne laissa aucune trace, et pourtant lorsque l'empereur la reçut l'alarme fut dans toute l'armée.

Nous étions à peu près à douze cents pas de Ratisbonne, l'empereur voyant fuir les Autrichiens de toutes parts, croyait l'affaire terminée. On avait apprêté son déjeuner à la cantine, au lieu que l'empereur avait désigné. Il se dirigeait à pied vers cet endroit, lorsque se tournant vers le maréchal Berthier, il s'écria : « Je suis blessé. » Le coup avait été si fort que l'empereur était tombé assis ; il venait en effet de recevoir une balle qui l'avait frappé au talon. Au calibre de cette balle, on reconnut qu'elle avait été lancée par un carabinier tyrolien, dont l'arme porte ordinairement à la distance où nous étions de la ville. On pense bien qu'un pareil événement jeta aussitôt le trouble et l'effroi dans tout l'état-major. Un aide-de-camp vint me chercher, et lorsque j'arrivai, je trouvai M. Ivan occupé à couper la botte de Sa Majesté, dont je l'aidai à panser la blessure. Quoique la douleur fût encore très-vive, l'empereur ne voulut même pas donner le temps qu'on lui remît sa botte, et pour donner le change à l'ennemi, et rassurer l'armée sur son état, il monta à cheval, partit au galop avec tout son état-major et parcourut toutes les lignes. Ce jour-là, comme l'on pense bien, personne ne déjeuna, et tout le monde alla dîner à Ratisbonne.

Sa Majesté éprouvait une répugnance invin-

cible pour tous les médicamens, et quand elle en
a pris, ce qui arrivait fort rarement, c'était de
l'eau de poulet ou de chicorée, et du sel de tartre.
M. Corvisart lui avait recommandé de rejeter toute
boisson qui aurait un goût âcre et désagréable;
c'était, je crois, dans la crainte qu'on ne cherchât
à l'empoisonner.

A quelque heure que l'empereur se fût couché,
j'entrais dans sa chambre entre sept et huit heures
du matin. J'ai déjà dit que ses premières questions
regardaient invariablement l'heure qu'il pouvait
être et le temps qu'il faisait. Quelquefois il se plaignait à moi d'avoir mauvaise mine. Quand cela
était vrai, j'en convenais, comme je disais non
quand je ne le trouvais pas. Dans ce cas, il me
tirait les oreilles, m'appelait en riant *grosse bête*,
demandait un miroir, et souvent avouait qu'il avait
voulu me tromper et qu'il se portait bien. Il prenait ses journaux, demandait le nom des personnes
qui étaient dans le salon d'attente, disait qui il
voulait voir, et causait avec l'un ou l'autre. Quand
M. Corvisart venait, il entrait sans attendre d'ordre. L'empereur se plaisait à le taquiner en parlant de la médecine, dont il disait que ce n'était
qu'un art conjectural, que les médecins étaient
des charlatans, et il citait ses preuves à l'appui,

surtout sa propre expérience. Le docteur ne cé-
dait jamais quand il croyait avoir raison. Pendant
ces conversations, l'empereur se rasait, car j'étais
parvenu à le décider à se charger seul de ce soin.
Souvent il oubliait qu'il n'était rasé que d'un côté.
Je l'en avertissais ; il riait et achevait son ouvrage.
M. Ivan, chirurgien ordinaire, avait, aussi bien
que M. Corvisart, sa bonne part de critiques et de
médisances contre son art. Ces discussions étaient
fort amusantes ; l'empereur y était très-gai et très-
causeur, et je crois que quand il n'avait pas d'exemples sous la main à citer à l'appui de ses raisons, il ne
se faisait pas scrupule d'en inventer. Aussi ces messieurs ne le croyaient-ils pas toujours sur parole.
Un jour, Sa Majesté, suivant sa singulière habitude, s'avisa de tirer les oreilles d'un de ses médecins (M. Hallé, je crois). Le docteur se retira
brusquement en s'écriant : « Sire, vous me faites
mal. » Peut-être ce mot fut-il assaisonné d'un peu
de mauvaise humeur, et peut-être aussi le docteur
avait-il raison. Quoi qu'il en soit, depuis ce jour
ses oreilles ne coururent plus aucun danger.

Quelquefois, avant de faire entrer le service, Sa
Majesté me questionnait sur ce que j'avais fait la
veille. Elle me demandait si j'avais dîné en ville et
avec qui, si l'on m'avait bien reçu, ce que nous

avions à dîner. Souvent aussi elle voulait savoi rce que me coûtait telle ou telle partie de mon habillement; je le lui disais, et alors l'empereur se récriait sur les prix, et me disait que, quand il était sous-lieutenant, tout était bien moins cher, qu'il avait souvent mangé chez Roze, restaurateur de ce temps, et qu'il y dînait fort bien pour 40 sous. Plusieurs fois il me parla de ma famille, de ma sœur, qui était religieuse avant la révolution et qui avait été contrainte de quitter son couvent. Un jour il me demanda si elle avait une pension et de combien elle était. Je le lui dis, et j'ajoutai que cela ne suffisant pas à ses besoins, je lui faisais moi-même une pension, ainsi qu'à ma mère. Sa Majesté me dit de m'adresser au duc de Bassano, pour qu'il lui fît son rapport à ce sujet, voulant bien traiter ma famille. Je ne profitai point de cette bonne disposition de Sa Majesté ; car alors j'étais assez heureux pour pouvoir venir au secours de mes parens. Je ne pensais pas à l'avenir, qui me semblait ne devoir rien changer à mon sort, et je me faisais scrupule de mettre, pour ainsi dire, les miens à la charge de l'état. J'avoue que depuis, j'ai plus d'une fois été tenté de me repentir de cet excès de délicatesse, dont j'ai vu peu de personnes, tant au dessus qu'au dessous de ma condition, donner ou suivre l'exemple.

A son lever, l'empereur prenait habituellement une tasse de thé ou de feuilles d'oranger; s'il prenait un bain, il y entrait immédiatement au sortir du lit, et là se faisait lire par un secrétaire (par M. de Bourrienne jusqu'en 1804), ses dépêches et les journaux ; quand il ne prenait pas de bain, il s'asseyait au coin du feu, et se faisait faire ainsi, ou fort souvent faisait lui-même cette lecture. Il dictait au secrétaire ses réponses et les observations que lui suggérait la lecture de ces papiers. Au fur et à mesure qu'il les avait parcourus, il les jetait sur le parquet, sans aucun ordre. Le secrétaire ensuite les ramassait et les mettait en ordre, pour les emporter dans le cabinet particulier. Sa Majesté, avant sa toilette, passait, en été, un pantalon de piqué blanc et une robe de chambre pareille; en hiver, un pantalon et une robe de chambre de molleton. Elle avait sur la tête un madras noué sur le front et dont les deux coins de derrière tombaient jusque sur son cou. L'empereur mettait lui-même, le soir, cette coiffure on ne peut pas moins élégante. Lorsqu'il sortait du bain on lui présentait un autre madras, car le sien était toujours mouillé dans le bain, où il se tournait et retournait sans cesse. Le bain pris ou les dépêches lues, il commençait sa toilette. Je le rasais, avant que je lui eusse appris à se raser lui-même. Quand

l'empereur eut pris cette habitude, il se servit d'a-
bord, comme tout le monde, d'un miroir attaché
à la fenêtre; mais il s'en approchait de si près et
se barbouillait si brusquement de savon, que la
glace, les carreaux, les rideaux, la toilette et l'empereur lui-même en étaient inondés; pour remédier à
cet inconvénient, le service s'assembla en conseil, et
il fut résolu que Roustan tiendrait le miroir à Sa Majesté.—Lorsque l'empereur était rasé d'un côté, il
tournait l'autre côté au jour et faisait passer Roustan de gauche à droite ou de droite à gauche, suivant le côté par lequel il avait d'abord commencé.
On transportait aussi la toilette. Sa barbe faite,
l'empereur se lavait le visage et les mains, et se
faisait les ongles avec soin; ensuite je lui ôtais son
gilet de flanelle et sa chemise et lui frottais tout le
buste avec une brosse de soie extrêmement douce.
Je le frictionnais ensuite d'eau de Cologne, dont il faisait une grande consommation de cette manière ;
car tous les jours on le brossait et arrangeait ainsi.
C'est en Orient qu'il avait pris cette habitude hy-
giénique, dont il se trouvait fort bien, et qui en effet est excellente. Tous ces préparatifs terminés, je
lui mettais aux pieds de légers chaussons de flanelle ou de cachemire; des bas de soie blancs (il
n'en a jamais porté d'autres), un caleçon de toile
très-fine ou de futaine, et tantôt une culotte de

casimir blanc avec des bottes molles à l'écuyère, tantôt un pantalon collantde la même étoffe et de la même couleur, avec de petites bottes à l'anglaise qui lui venaient au milieu du mollet. Elles étaient garnies de petits éperons en argent qui n'avaient pas plus de six lignes delongueur. Toutes ses bottes étaient ainsi éperonnées. Je lui mettais ensuite son gilet de flanelle et sa chemise, une cravate très-mince de mousseline, et par-dessus un col en soie noire; enfin un gilet rond de piqué blanc, et soit un habit de chasseur, soit un habit de grenadier, mais plus souvent le premier. Sa toilette achevée, on lui présentait son mouchoir, sa tabatière et une petite boîte en écaille remplie de réglisse anisé coupé très-fin. On voit, par ce qui précède, que l'empereur se faisait habiller de la tête aux pieds; il ne mettait la main à rien, se laissant faire comme un enfant, et pendant ce temps s'occupait de ses affaires.

J'ai oublié de dire qu'il se servait, pour ses dents, de cure-dents de buis et d'une brosse trempée dans de l'opiat.

L'empereur était né, pour ainsi dire, homme à valets de chambre. Général, il en avait jusqu'à trois, et il se faisait servir avec autant de luxe que

dans la plus haute fortune; dès cette époque, il recevait tous les soins que je viens de décrire, et dont
il lui était presque impossible de se passer. L'étiquette n'a rien changé de ce côté; elle a augmenté
le nombre de ses serviteurs, les a décorés de titres
nouveaux, mais elle n'aurait pu l'entourer de plus
de soins. Il ne se soumit que très-rarement à la
grande étiquette royale; jamais, par exemple, le
grand-chambellan ne lui a passé sa chemise; une
fois seulement, au repas que la ville de Paris lui
offrit lors du couronnement, le grand-maréchal
lui présenta à laver. Je ferai la description de la
toilette du jour du sacre, et l'on pourra voir que,
ce jour-là même, sa majesté l'empereur des Français n'exigea pas d'autre cérémonial que celui auquel avaient été accoutumés le général Bonaparte
et le premier consul de la république.

L'empereur n'avait point d'heure fixe pour se
coucher; tantôt il se mettait au lit à dix ou onze
heures du soir, tantôt, et le plus souvent, il veillait jusqu'à deux, trois et quatre heures du matin.
Il était bientôt déshabillé, car son habitude était
de jeter, en entrant dans sa chambre, chaque partie de son habillement à tort et à travers: son habit par terre, son grand cordon sur le tapis, sa
montre à la volée sur le lit, son chapeau au loin

sur un meuble, et ainsi de tous ses vêtemens l'un après l'autre. Lorsqu'il était de bonne humeur, il m'appelait d'une voix forte, par cette espèce de cri : *Ohé, oh! oh!* D'autres fois, quand il n'était pas content, c'était : *Monsieur! Monsieur Constant!* En toute saison il fallait lui bassiner son lit ; ce n'était que dans les plus grandes chaleurs qu'il s'en dispensait. L'habitude qu'il avait de se déshabiller à la hâte faisait que, lorsque j'arrivais, je n'avais souvent presque rien à faire que de lui présenter son madras ; j'allumais ensuite sa veilleuse, qui était en vermeil et recouverte pour donner moins de lumière. Lorsqu'il ne s'endormait pas tout de suite, il faisait appeler un de ses secrétaires ou bien l'impératrice Joséphine pour lui faire la lecture ; personne ne pouvait mieux que Sa Majesté s'acquitter de cet office, pour lequel l'empereur la préférait à tous ses lecteurs ; elle lisait avec ce charme particulier qui se mêlait à toutes ses actions. Par ordre de l'empereur, on brûlait dans sa chambre, dans de petites cassolettes en vermeil, tantôt du bois d'aloès, tantôt du sucre ou du vinaigre. Presque toute l'année il fallait du feu dans tous ses appartemens ; il était habituellement très-sensible au froid. Lorsqu'il voulait dormir, je rentrais prendre son flambeau et montais chez moi. Ma chambre était au dessus de l'appartement de Sa Majesté ;

Roustan et un valet de chambre de service couchaient dans le petit salon attenant à la chambre de l'empereur. S'il avait besoin de moi la nuit, un garçon de garde-robe, qui couchait à côté, dans l'antichambre, venait me chercher. Jour et nuit on tenait de l'eau chaude pour son bain; car souvent, à toute heure de la nuit comme de la journée, il lui prenait fantaisie d'en prendre un. M. Ivan paraissait, tous les soirs et tous les matins, au lever et au coucher de Sa Majesté.

On sait que l'empereur faisait souvent appeler ses secrétaires et même ses ministres pendant la nuit. Pendant son séjour à Varsovie, en 1806, M. le prince de Talleyrand reçoit un jour un message à minuit passé; il arrive aussitôt et s'entretient long-temps avec l'empereur; le travail se prolonge assez avant dans la nuit, et Sa Majesté, fatiguée, finit par tomber dans un sommeil profond; le prince de Bénévent, qui aurait craint, en sortant, soit de réveiller l'empereur, soit d'être rappelé pour continuer la conversation, jette les yeux autour de lui, aperçoit un canapé commode, s'y étend et s'endort. M. Menneval, secrétaire de Sa Majesté, ne voulait se coucher qu'après la sortie du ministre, l'empereur pouvant avoir besoin de lui dès que M. de Talleyrand se serait retiré; aussi s'impatientait-il beaucoup d'une si longue audience. De mon côté, je n'étais pas de meilleure humeur, dans l'impossibilité où je me trouvais de me livrer au sommeil, avant d'avoir ôté le flambeau de nuit de Sa Majesté. M. Menneval vint dix fois me demander si M. le prince de Talleyrand était sorti. « Il est » encore là, lui dis-je, j'en suis sûr, et pour- » tant je n'entends rien. » Enfin je le priai de se tenir dans la pièce où j'étais, et sur laquelle s'ouvrait la porte d'entrée, tandis que j'irais me mettre en sentinelle dans un cabinet de dégagement sur lequel la chambre de l'empereur avait une autre sortie; et il fut convenu que celui des deux qui verrait sortir le prince avertirait l'autre. Deux heures sonnent, puis trois, puis quatre; personne ne paraît; pas le moindre mouvement dans la chambre de Sa Majesté. Perdant patience à la fin, j'entr'ouvre la porte le plus doucement possible; mais l'empereur, dont le sommeil était fort léger, s'éveille en sursaut et demande d'une voix forte : « Qui est là? qui va là? qu'est-ce? » Je répondis que, pensant que M. le prince de Bénévent était sorti, je venais chercher le flambeau de Sa Majesté. « Talleyrand! Talleyrand! s'écrie vivement » Sa Majesté; où donc est-il? et le voyant s'éveiller : » Eh bien, je crois qu'il s'est endormi! Comment, » coquin, vous dormez chez moi! ah! ah! » Je sortis sans emporter [la lumière, ils se remirent à causer, et M. Menneval et moi nous attendîmes la fin du tête-à-tête jusqu'à cinq heures du matin.

L'empereur avait eu l'habitude de prendre, en travaillant ainsi la nuit, du café à la crême ou du chocolat; mais il y avait renoncé, et sous l'empire il ne prenait plus rien, sinon de temps en temps, mais très-rarement, soit du punch doux et léger comme de la limonade, soit, comme à son lever, une infusion de feuilles d'oranger ou de thé.

L'empereur qui dota si magnifiquement la plupart de ses généraux, qui se montra si libéral pour ses armées, et à qui, d'un autre côté, la France doit tant et de si beaux monumens, était peu généreux, et il faut le dire, un peu avare dans son intérieur. Peut-être ressemblait-il à ces riches vaniteux qui économisent de très-près dans leur famille, pour briller davantage au dehors. Il faisait très-peu, pour ne pas dire point de cadeaux à sa maison. Le jour de l'an même se passait pour lui sans bourse délier; quand je le déshabillais la veille de ce jour-là : « Eh bien, monsieur Constant, me » disait-il en me pinçant l'oreille, que me donnerez-

» vous pour mes étrennes? » La première fois qu'il
me fit cette question, je lui répondis que je lui donnerais ce qu'il voudrait, mais j'avoue que j'espérais bien que, le lendemain, ce ne serait pas moi
qùi donnerais des étrennes. Il paraît que l'idée ne
lui en vint pas, car personne n'eut à le remercier
de ses dons, et depuis, il ne se départit jamais de
cette règle d'économie domestique. A propos de
ce pincement d'oreilles, sur lequel je suis revenu
tant de fois, parce que Sa Majesté y revenait très-
souvent, il faut que je dise, pendant que j'y pense
et pour en finir, que l'on se tromperait beaucoup
de croire qu'il se contentât de toucher légèrement
la partie en butte à ses marques de faveur; il serrait au contraire très-rudement, et j'ai remarqué
qu'il serrait d'autant plus fort qu'il était de meilleure humeur. Quelquefois, au moment où j'entrais dans sa chambre pour l'habiller, il accourait
sur moi comme un furieux, et en me saluant de
son bonjour favori : *Eh bien, monsieur le drôle?*
il me pinçait les deux oreilles à la fois, de façon à
me faire crier; il n'était même pas rare qu'il ajou-
tât à ces douces caresses une ou deux tapes assez
bien appliquées; j'étais sûr alors de le trouver tout
le reste de la journée d'une humeur charmante, et
plein de bienveillance comme je l'ai vu si souvent.
Roustan, et même le maréchal Berthier, prince de

Neuchâtel, recevaient leur bonne part de ces tendresses impériales; souvent je leur en ai vu les joues tout enluminées et les yeux presque pleurans.

CHAPITRE III.

Somme fixée par l'empereur pour sa toilette. — Les budgets écourtés. — La place de 1,000 écus et le revenu d'une commune. — *Quand j'étais sous-lieutenant.* — Idée fixe de l'empereur en matière d'économies. — Les fournisseurs et les agens comptables. — La voiture de Constant supprimée par le grand-écuyer et rendue par l'empereur. — L'empereur jetant au feu les livres qui lui déplaisaient. — L'Allemagne de madame la baronne de Staël. — L'empereur surveillant les lectures des gens de sa maison. — Comment l'empereur montait à cheval. — Éducation de ses chevaux. — M. Jardin, écuyer de l'empereur. — Chevaux favoris de l'empereur. — Le cheval du mont Saint-Bernard et de Marengo admis à la pension de retraite. — Intelligence et fierté d'un cheval arabe de l'empereur. — L'équitation et la voltige enseignées aux pages de l'empereur. — L'empereur à la chasse. — Le cerf sauvé par Joséphine. — Mauvaise humeur et dureté d'une dame d'honneur de l'impératrice. — L'empereur a-t-il jamais été blessé à la chasse? — Napoléon mauvais tireur. — La chasse aux faucons. — Fauconnerie envoyée par le roi de Hollande. — Goût de l'empereur pour le spectacle. — Les prédilections. — Le grand Corneille et *Cinna.* — *La Mort de César.* — Représentations sur le théâtre de Saint-Cloud.

Passe-droit fait à un vétéran. — Réponse militaire. — Réparation.

La somme fixée pour la toilette de Sa Majesté
était de 20,000 francs, et l'année du sacre elle entra dans une grande colère, parce que cette somme
avait été de beaucoup dépassée. Ce n'était jamais
qu'en tremblant qu'on lui présentait les divers
budgets des dépenses de sa maison. Toujours il re-
tranchait et rognait, et recommandait toutes sortes
de réformes. Je me souviens que lui demandant
pour quelqu'un une place de 3,000 francs, qu'il
m'accorda, je le vis se récrier : « Trois mille francs!
» mais savez-vous bien que c'est le revenu d'une
» de mes communes? Quand j'étais sous-lieute-
» nant, je ne dépensais pas cela. » Ce mot revenait
sans cesse dans les avertissemens de l'empereur
aux personnes de sa familiarité, et *quand j'avais
l'honneur d'être sous-lieutenant* était souvent dans
sa bouche, et toujours pour faire des exhorta-
tions ou des comparaisons d'économie.

A propos de ces présentations de budgets, je me

rappelle une circonstance qui doit trouver place
dans mes mémoires, puisqu'elle m'est toute per-
sonnelle et que de plus elle peut donner une idée
de la manière dont Sa Majesté entendait les économies. Elle partait de l'idée souvent fort juste, selon
moi, que, dans ses dépenses particulières comme
dans les dépenses publiques, même en supposant
de la probité aux agens (supposition que l'empereur était toujours, j'en conviens, peu disposé à
faire), on aurait pu faire les mêmes choses pour
beaucoup moins d'argent. Ainsi quand il exigeait
des diminutions, ce n'était point sur le nombre
des objets de dépense qu'il voulait les faire porter,
mais sur le taux auquel ces objets étaient estimés
par les fournisseurs. J'aurai lieu de citer ailleurs
quelques exemples de l'influence qu'exerçait cette
idée sur la conduite de Sa Majesté à l'égard des
agens comptables de son gouvernement. Voici,
pour le présent, ce qui me regarde : un jour de règlement des divers budgets particuliers, l'empereur
se récria beaucoup sur la dépense des écuries,
et biffa une somme considérable. M. le grand-
écuyer, pour parvenir aux économies exigées, re-
trancha à plusieurs personnes de la maison leur
voiture; la mienne fut comprise dans la réforme.
Quelques jours après l'exécution de cette mesure,
Sa Majesté me chargea d'une commission pour la

quelle il fallait une voiture. Je lui dis que, n'ayant plus la mienne, force m'était de ne pas obéir à ses ordres. L'empereur alors de s'écrier que ce n'était pas là son intention, que M. de Caulaincourt comprenait mal les économies; et lorsqu'il revit M. le duc de Vicence, il lui dit qu'il ne voulait pas qu'il fût touché à rien de ce qui me concernait.

L'empereur lisait quelquefois le matin les nouveautés et les romans du jour. Quand un ouvrage lui déplaisait, il le jetait au feu. On aurait tort de croire qu'il n'y avait que les livres mauvais qui fussent ainsi brûlés. Quand l'auteur n'était pas de ceux qu'il aimait, ou qu'il parlait trop bien d'un peuple étranger, cela suffisait pour que le volume fût condamné aux flammes. J'ai vu Sa Majesté jeter au feu un tome de l'ouvrage de madame la baronne de Staël sur l'Allemagne. S'il nous trouvait, le soir, occupés à lire dans le petit salon où nous l'attendions à l'heure du coucher, il regardait quels livres nous lisions, et quand c'étaient des romans, ils étaient brûlés sans miséricorde. Sa Majesté manquait rarement d'ajouter une petite semonce à la confiscation, et de demander au délinquant *si un homme ne pouvait pas faire une meilleure lecture*. Un matin qu'il avait parcouru et jeté au feu un livre de je ne sais quel auteur, Roustan

se baissa pour le retirer ; mais l'empereur s'y op-
posa en lui disant : « Laisse donc brûler ces co-
chonneries-là ; c'est tout ce qu'elles méritent. »

L'empereur montait à cheval sans grâce, et je
crois qu'il n'y aurait pas toujours été très-solide si
l'on n'avait pas mis tant de soin à ne lui donner
que des chevaux parfaitement dressés. Il n'était
pas sur ce point de précautions que l'on ne prît.
Les chevaux destinés au service personnel de l'empereur passaient par un rude noviciat avant d'arriver jusqu'à l'honneur de le porter. On les accou-
tumait à souffrir, sans faire le moindre mouvement,
des tourmens de toute espèce, des coups de fouet
sur la tête et sur les oreilles ; on battait le tambour,
on leur tirait aux oreilles des coups de pistolet et
des boîtes d'artifice ; on agitait des drapeaux devant leurs yeux ; on leur jetait dans les jambes de
lourds paquets, quelquefois même des moutons
et des cochons. Il fallait qu'au milieu du galop le
plus rapide (l'empereur n'aimait que cette allure)
il pût arrêter son cheval tout court. Il ne lui fallait enfin que des chevaux brisés. M. Jardin père,
écuyer de Sa Majesté, s'acquittait de sa pénible
charge avec beaucoup d'adresse et d'habileté ; aussi
l'empereur en faisait-il le plus grand cas.

Sa Majesté tenait beaucoup à ce que ses chevaux fussent très-beaux, et dans les dernières années de son règne elle ne montait que des chevaux arabes. Il y eut quelques-uns de ces nobles animaux que l'empereur affectionna, entre autres *la Styrie*, qu'il montait au Saint-Bernard et à Marengo. Après cette dernière campagne, il voulut que son favori finît sa vie dans le luxe du repos. Marengo et le grand Saint-Bernard étaient déjà une carrière assez bien remplie. L'empereur eut aussi pendant quelques années un cheval arabe d'un rare instinct, et qui lui plaisait beaucoup. Tout le temps qu'il attendait son cavalier, il eût été difficile de lui découvrir la moindre grâce; mais dès qu'il entendait les tambours battre aux champs, ce qui annonçait la présence de Sa Majesté, il se redressait avec fierté, agitait sa tête en tous sens, battait du pied la terre, et jusqu'au moment où l'empereur en descendait, son cheval était le plus beau qu'on eût pu voir. Sa Majesté faisait cas des bons écuyers; aussi rien n'était négligé pour que ses pages reçussent sous ce rapport l'éducation la plus soignée. Outre qu'on les instruisait à monter solidement et avec grâce, ils pratiquaient encore des exercices de voltige dont il semblerait qu'on dût avoir besoin seulement au Cirque-Olympique. C'était même un des écuyers

de MM. Franconi qui était chargé de cette partie
de l'éducation des pages.

L'empereur, comme on l'a dit ailleurs, ne prenait du plaisir de la chasse qu'autant qu'il en fallait
pour se conformer aux exigences de l'usage qui
font de ce royal exercice un accompagnement nécessaire du trône et de la couronne. Pourtant je l'ai
vu quelquefois s'y livrer assez long-temps pour
faire croire qu'il ne s'y ennuyait pas. Il chassa un
jour dans la forêt de Rambouillet depuis six heures
du matin jusqu'à huit heures du soir; c'était un
cerf qui avait causé cette excursion extraordinaire,
et je me rappelle qu'on revint même sans l'avoir
forcé. Dans une des chasses impériales de Rambouillet, à laquelle assistait l'impératrice Joséphine,
un cerf poursuivi par les chasseurs vint se jeter
sous la voiture de l'impératrice. Cet asile ne le tra-
hit pas, car sa majesté, touchée des larmes du
pauvre animal, demanda sa grâce à l'empereur.
Le cerf fut épargné, et la bonne Joséphine lui attacha elle-même autour du cou un collier d'argent,
qui devait attester sa délivrance et le protéger
contre les attaques de tous les chasseurs.

Il y eut une des dames de S. M. l'impératrice qui
montra un jour moins d'humanité qu'elle, et la

réponse qu'elle fit à l'empereur déplut singulièrement à celui-ci, qui aimait la douceur et la pitié
dans les femmes. On chassait depuis quelques
heures dans le bois de Boulogne; l'empereur
s'approcha de la calèche de l'impératrice Joséphine,
et se mit à causer avec cette dame, qui portait un
des noms les plus anciens et les plus nobles de
France, et qui sans l'avoir, dit-on, désiré, avait
été placée auprès de l'impératrice. Le prince de
Neuchâtel vint dire que le cerf était aux abois. « Ma-
» dame, dit galamment l'empereur à madame de C***,
» que voulez-vous qu'on fasse du cerf? je remets son
» sort entre vos mains.—Faites-en, sire, répondit-
» elle, ce qu'il vous plaira. Je ne m'y intéresse guère. »
L'empereur la regarda froidement, et dit au grand-
veneur : « Puisque le cerf a le malheur de ne point
» intéresser madame de C***, il ne mérite pas de
» vivre : faites-le mettre à mort ! » Et là-dessus
S. M. tourna la bride de son cheval et s'éloigna.
L'empereur avait été choqué d'une telle réponse,
et il la répéta le soir, au retour de la chasse, dans
des termes peu flatteurs pour madame de C***.

On lit dans le *Mémorial de Sainte-Hélène* que
l'empereur ayant été, dans une chasse, renversé
et blessé par un sanglier, en avait au doigt une
forte contusion. Je ne l'ai jamais vue, et je n'ai

jamais eu connaissance d'un pareil accident arrivé
à S. M.

L'empereur n'appuyait pas bien son fusil à l'é-
paule, et comme il faisait charger et bourrer fort,
il ne tirait jamais sans en avoir le bras tout noirci.
Je frottais la place meurtrie avec de l'eau de Cologne, et S. M. n'y pensait plus.

Les dames suivaient la chasse en calèche. On
dressait ordinairement une table dans la forêt pour
le déjeuner, auquel toutes les personnes de la chasse
étaient invitées.

L'empereur essaya une fois d'une chasse au fau-
con dans la plaine de Rambouillet. Cette chasse
avait été commandée pour mettre à l'essai la fauconnerie que le roi de Hollande (Louis) avait envoyée en présent à S. M. Toute la maison s'était
fait une fête de voir cette chasse, dont on avait
tant entendu parler; mais l'empereur parut s'y
plaire encore moins qu'aux chasses à courre et au
tir, et la fauconnerie ne resservit jamais.

S. M. aimait beaucoup le spectacle. Elle avait
une préférence marquée pour la tragédie française
et l'opéra italien. Corneille était son auteur favori;

j'ai vu constamment sur sa table quelque volume des œuvres de ce grand poëte. Très-souvent j'ai entendu l'empereur déclamer, en marchant dans sa chambre, des vers de Cinna, ou cette tirade de *la Mort de César :*

César, tu vas régner. Voici le jour auguste
Où le peuple romain, pour toi toujours injuste,
Etc. , etc.

Sur le théâtre de Saint-Cloud, le spectacle d'une soirée n'était souvent que de pièces et de morceaux. On prenait un acte d'un opéra, un acte d'un autre , ce qui était fort contrariant pour les spectateurs, que la première pièce avait commencé à intéresser. Souvent aussi on jouait des comédies, et c'était alors grande joie pour la maison. L'empereur lui-même y prenait beaucoup de plaisir. Combien de fois je l'ai vu se pâmer de rire en voyant Baptiste cadet dans *les Héritiers.* Michaut l'amusait aussi beaucoup dans *la Partie de Chasse de Henri IV.*

Je ne sais plus en quelle année, pendant un voyage de la cour à Fontainebleau, on représenta devant l'empereur la tragédie des *Vénitiens*, de M. Arnault père. Le soir au coucher, Sa Majesté causa de la pièce avec le maréchal Duroc, et donna son jugement appuyé sur beaucoup de raisons. Les éloges comme les censures furent motivés et discutés; le grand-maréchal parla peu; l'empereur ne tarissait pas. Bien que très-pauvre juge en pareilles matières, c'était pour moi une chose très-amusante, et aussi très-instructive, que d'entendre ainsi l'empereur discourir des pièces anciennes ou nouvelles qui étaient jouées sous ses yeux. Ses observations et ses remarques n'auraient pas manqué, j'en suis certain, d'être très-profitables aux auteurs, s'ils avaient été comme moi à même de les entendre. Pour moi, si j'y ai gagné quelque chose, c'est de pouvoir en parler ici un peu (quoique bien peu) plus pertinemment qu'un aveugle des couleurs; pourtant, de crainte de mal dire, je retourne aux choses qui sont de mon *département.*

On a dit que Sa Majesté prenait beaucoup de tabac, que, pour en prendre plus vite et plus souvent, elle en mettait dans une poche de son gilet, doublée de peau pour cet usage; ce sont autant d'erreurs: l'empereur n'a jamais pris du tabac que dans ses tabatières, et quoiqu'il en consommât beaucoup, il n'en prenait que très-peu. Il approchait sa prise de ses narines comme simplement pour la sentir, et la laissait tomber ensuite. Il est vrai que la place où il se trouvait en était couverte; mais ses mouchoirs, témoins irrécusables en pareille matière, étaient à peine tachés, bien qu'ils fussent blancs et de batiste très-fine; certes ce ne sont pas là les marques d'un priseur. Souvent il se contentait de promener sous son nez sa tabatière ouverte pour respirer l'odeur du tabac qu'elle contenait. Ses boîtes étaient étroites, ovales, à charnières, en écaille noire, doublées en or, ornées de camées ou de médailles antiques en or et en argent. Il avait eu des tabatières rondes, mais comme il fallait deux mains pour les ouvrir, et que dans cette opération il laissait tomber tantôt la boîte, tantôt le couvert, il s'en était dégoûté. Son tabac était râpé fort gros, et se composait ordinairement de plusieurs sortes de tabacs mélangées ensemble. Souvent il s'amusait à en faire manger aux gazelles qu'il avait à Saint-Cloud. Elles en étaient très-friandes, et quoiqu'on ne peut plus sauvages pour tout le monde, elles s'approchaient sans crainte de Sa Majesté.

L'empereur n'eut qu'une seule fois fantaisie d'essayer de la pipe; voici à quelle occasion :

l'ambassadeur persan (ou peut-être l'ambassadeur turc qui vint à Paris sous le consulat) avait fait présent à sa Majesté d'une fort belle pipe à l'orientale. Il lui prit un jour envie d'en faire l'essai, et il fit préparer tout ce qu'il fallait pour cela. Le feu ayant été appliqué au récipient, il ne s'agissait plus que de le faire se communiquer au tabac, mais à la manière dont Sa Majesté s'y prenait, elle n'en serait jamais venue à bout. Elle se contentait d'ouvrir et de fermer alternativement la bouche, sans aspirer le moins du monde. « Comment diable! s'écria-t-elle enfin, cela n'en finit pas. » Je lui fis observer qu'elle s'y prenait mal, et lui montrai comment il fallait faire. Mais l'empereur en revenait toujours à son espèce de bâillement. Ennuyé de ses vains efforts, il finit par me dire d'allumer la pipe. J'obéis et la lui rendis en train. Mais à peine en eut-il aspiré une bouffée, que la fumée qu'il ne sut point chasser de sa bouche, tournoyant autour du palais, lui pénétra dans le gosier, et ressortit par les narines et par les yeux. Dès qu'il put reprendre haleine, « Otez-moi cela! quelle infection! oh les cochons! le cœur me tourne. » Il se sentit en effet comme incommodé pendant au moins une heure, et renonça pour toujours à un *plaisir* «dont l'habitude, disait-il, » n'était bonne qu'à désennuyer les fainéans. »

L'empereur ne mettait dans ses vêtemens d'autre recherche que celle de la finesse de l'étoffe et de la commodité. Ses fracs, ses habits et la redingote grise si fameuse, étaient des plus beaux draps de Louviers. Sous le consulat, il portait, comme c'était alors la mode, les basques de son habit extrêmement longues. Plus tard, la mode ayant changé, on les porta plus courtes, mais l'empereur tenait singulièrement à la longueur des siennes, et j'eus beaucoup de peine à le décider à y renoncer. Ce ne fut même que par une supercherie que j'en vins tout-à-fait à bout. A chaque nouvel habit que je faisais faire pour Sa Majesté, je recommandais au tailleur de raccourcir les pans d'un bon pouce, jusqu'à ce qu'enfin, sans que l'empereur s'en aperçût, ils ne furent plus ridicules. Il ne renonçait pas plus aisément sur ce point que sur tous les autres, à ses anciennes habitudes, et il voulait surtout ne pas être gêné: aussi parfois ne brillait-il pas par l'élégance. Le roi de Naples, l'homme de France qui se mettait avec le plus de recherche et presque toujours avec le meilleur goût, se permettait quelquefois de le plaisanter doucement sur sa toilette. « Sire, disait-il à l'em-
» pereur, Votre Majesté s'habille trop à *la papa*.
» De grâce, sire, donnez à vos fidèles sujets
» l'exemple du bon goût. — Ne faut-il pas, pour

» vous plaire, répondait l'empereur, que je me
» mette comme un muscadin, comme un petit-
» maître, enfin comme sa majesté le roi de Naples
» et des Deux-Siciles? Je tiens à mes habitudes,
» moi. — Oui, sire, et à vos *habits tués*, ajouta
» une fois le roi. — Détestable! s'écria l'empereur,
» cela est digne de Brunet;» et ils rirent un instant de
ce jeu de mots, tout en le déclarant tel que l'avait
jugé l'empereur.

Cependant ces discussions sur la toilette s'étant
renouvelées à l'époque du mariage de Sa Majesté
avec l'impératrice Marie-Louise, le roi de Naples
pria l'empereur de permettre qu'il lui envoyât son
tailleur. Sa Majesté, qui cherchait en ce moment
tous les moyens de plaire à sa jeune épouse, accepta
l'offre de son beau-frère. Le même jour, je courus
chez Léger, qui habillait le roi Joachim, et l'amenai
avec moi au château, en lui recommandant de
faire les habits qu'on allait lui demander le moins
gênans qu'il se pourrait, certain que j'étais d'a-
vance que, tout au contraire de M. Jourdain, si
l'empereur *n'entrait pas dedans* avec la plus grande
aisance, il ne les prendrait pas. Léger ne tint aucun
compte de mes avis; il prit ses mesures fort justes.
Les deux habits qu'il fit étaient parfaitement faits,
mais l'empereur les trouva incommodes. Il ne les

mit qu'une fois, et Léger fut dès ce jour dispensé de travailler pour Sa Majesté. Une autre fois, long-temps avant cette époque, il avait commandé un fort bel habit de velours marron, avec boutons en diamans. Il descendit ainsi vêtu au cercle de sa majesté l'impératrice, mais avec une cravate noire. L'impératrice Joséphine lui avait préparé un col de dentelle magnifique, mais toutes mes instances n'avaient pu le décider à le mettre.

Les vestes et les culottes de l'empereur étaient toujours de casimir blanc. Il en changeait tous les matins. On ne les lui faisait blanchir que trois ou quatre fois. Deux heures après qu'il était sorti de sa chambre, il arrivait très-souvent que sa culotte était toute tachée d'encre, grâce à son habitude d'y essuyer sa plume, et d'arroser tout d'encre autour de lui, en secouant sa plume contre sa table. Cependant, comme il s'habillait le matin pour toute la journée, il ne changeait pas pour cela de toilette et restait en cet état le reste du jour. J'ai déjà dit qu'il ne portait jamais que des bas de soie blancs. Ses souliers, très-légers et très-fins, étaient doublés de soie. Tout le dedans de ses bottes était garni de futaine blanche. Lorsqu'il sentait à une de ses jambes quelque démangeai-son, il se frottait avec le talon du soulier ou de la botte dont l'autre jambe était chaussée, ce qui ajoutait encore à l'effet de l'encre éparpillée. Les boucles de ses souliers étaient d'or, ovales, simples ou à facettes. Il en portait aussi en or, aux jarretières. Jamais sous l'empire je ne lui ai vu porter de pantalons.

Toujours, par suite de la fidélité de l'empereur à ses anciennes habitudes, son cordonnier, dans les premiers temps de l'empire, était le même qui l'avait chaussé lorsqu'il était à l'école militaire. Depuis ce temps il le chaussait toujours d'après ses premières mesures, sans lui en prendre de nouvelles; aussi ses souliers comme ses bottes étaient toujours mal faits et sans grâce. Long-temps il les porta pointus; je gagnai qu'ils fussent faits *en bec de canne*, comme c'était la mode. Ses anciennes mesures se trouvèrent à la fin trop petites, et j'obtins de Sa Majesté qu'elle s'en ferait prendre d'autres. Je courus aussitôt chez son cordonnier: c'était un grand simple qui avait succédé à son père. Il n'avait jamais vu l'empereur, quoiqu'il travaillât pour lui, et fut tout stupéfait d'apprendre qu'il fallait paraître devant Sa Majesté; la tête lui en tournait. Comment oserait-il se présenter devant l'empereur? Quel costume fallait-il prendre? Je l'encourageai et lui dis qu'il lui fallait un habit noir à la française, avec la culotte, l'épée, le chapeau , etc. Il se rendit ainsi panaché aux Tuileries. En entrant dans la chambre de Sa Majesté, il fit un profond salut, et demeura fort embarrassé. « Ce n'est pas vous, dit l'empereur, qui me chaus- » siez à l'école militaire ? — Non , Votre Majesté » l'empereur et roi, c'était mon père. — Et pour- » quoi n'est-ce plus lui ? — Sire l'empereur et roi, » parce qu'il est mort. — Combien me faites-vous » payer mes souliers? — Votre Majesté l'empereur et » roi les paye dix-huit francs. — C'est bien cher. — » Votre Majesté l'empereur et roi les paierait bien » plus cher si elle voulait. » L'empereur rit beaucoup de cette niaiserie et se fit prendre mesure. Les rires de Sa Majesté avaient complétement déconcerté le pauvre homme ; lorsqu'il s'approcha, le chapeau sous le bras , et en faisant mille saluts, son épée se prit dans ses jambes, fut rompue en deux et le fit tomber sur les genoux et sur les mains. C'était à n'y pas tenir, aussi les rires de Sa Majesté redou- blèrent ; enfin l'honnête cordonnier, débarrassé de sa brette , prit plus aisément mesure à l'empereur, et se retira en faisant beaucoup d'excuses.

Tout le linge de corps de Sa Majesté était de toile extrêmement belle, marqué d'un N couronné. Dans le commencement, il ne portait point de bratelles; il finit par s'en servir, et il en trouvait l'usage très-commode. Il portait sur la peau des gilets de flanelle d'Angleterre. L'impératrice Joséphine lui avait fait faire pour l'été douze gilets de cachemire.

Beaucoup de personnes ont cru que l'empereur avait une cuirasse sous ses habits dans ses promenades et à l'armée; le fait est matériellement faux; jamais Sa Majesté n'a endossé une cuirasse , ni rien de semblable , pas plus sous ses habits que dessus.

L'empereur ne portait jamais de bijoux ; il n'avait dans ses poches ni bourse ni argent, mais seulement son mouchoir, sa tabatière et sa bonbonnière.

Il ne portait à ses habits qu'un crachat et deux croix, celle de la Légion-d'Honneur et celle de la Couronne-de-Fer. Sous son uniforme et sur sa veste, il avait un cordon rouge dont les deux bouts ne se voyaient qu'à peine. Quand il y avait cercle au château, ou qu'il passait une revue, il mettait ce grand cordon sur son habit.

Son chapeau, dont il sera inutile de décrire la

forme tant qu'il existera des portraits de Sa Majesté, était de castor, extrêmement fin et très-léger; le dedans en était doublé de soie et ouaté. Il n'y portait ni glands, ni torsades, ni plumes, mais simplement une ganse étroite de soie plate qui soutenait une petite cocarde tricolore.

L'empereur avait plusieurs montres de Bréguet et de Meunier; elles étaient fort simples, à répétion, sans ornemens ni chiffre, le dessus couvert d'une glace, la boîte en or. M. Las Cases parle d'une montre recouverte des deux côtés d'une double boîte en or, marquée du chifre *B*, et qui n'a jamais quitté l'empereur. Je ne lui en ai pas connu de pareille, et pourtant j'étais dépositaire de tous les bijoux ; je l'ai même été, durant plusieurs années, des diamans de la couronne. L'empereur cassait souvent sa montre en la jetant à la volée, comme je l'ai dit plus haut, sur un des meubles de sa chambre à coucher. Il avait deux réveils faits par Meunier, un dans sa voiture, l'autre au chevet de son lit. Il les faisait sonner avec une petite ganse de soie verte; il en avait bien un troisième, mais il était vieux et mauvais, et ne pouvait servir. C'est celui-là qui avait appartenu au grand Frédéric, et qu'il avait apporté de Berlin.

Les épées de Sa Majesté étaient fort simples, la

monture en or, avec un hibou sur le pommeau.

L'empereur s'était fait faire deux épées semblables à celle qu'il portait le jour de la bataille d'Austerlitz. Une de ces épées fut donnée à l'empereur Alexandre, ainsi qu'on le verra plus tard, et l'autre au prince Eugène en 1814. Celle que l'empereur avait à Austerlitz, et sur laquelle il avait fait graver le nom et la date de cette mémorable bataille, devait être enfermée dans la colonne de la place Vendôme. Sa Majesté l'avait encore, je crois, à Sainte-Hélène.

Il avait aussi plusieurs sabres qu'il avait portés dans ses premières campagnes, et sur lesquels on avait fait graver le nom des batailles où il s'en était servi. Ils furent distribués à divers officiers-généraux par sa majesté l'empereur. Je parlerai plus tard de cette distribution.

Lorsque l'empereur devait quitter sa capitale pour rejoindre ses armées ou pour une simple tournée dans les départemens, jamais on ne savait bien précisément le moment de son départ. Il fallait d'avance envoyer sur diverses routes un service complet pour la chambre, la bouche, les écuries; quelquefois ils attendaient trois semaines,

un mois, et quand Sa Majesté était partie, on faisait revenir les services restés sur les routes qu'elle
n'avait point parcourues. J'ai souvent pensé que
l'empereur en usait ainsi pour déconcerter les
calculs de ceux qui épiaient ses démarches, et
dérouter les politiques. Le jour qu'il devait partir personne que lui ne le savait; tout se passait comme à l'ordinaire. Après un concert, un
spectacle, ou tout autre divertissement qui avait
réuni un grand nombre de personnes, Sa Majesté
disait à son coucher : « Je pars à deux heures. »
Quelquefois c'était plus tôt, quelquefois plus tard,
mais on partait toujours à l'heure qu'elle avait
fixée. A l'instant l'ordre était transmis par chacun des chefs de service; tout se trouvait prêt
dans le temps marqué, mais on laissait le château
sens dessus dessous. J'ai tracé ailleurs un tableau
de la confusion qui précédait et suivait immédiatement, au château, le départ de l'empereur. Partout où logeait Sa Majesté, en voyage, elle faisait
payer, avant de partir, la dépense de sa maison et
la sienne; elle faisait des présens à ses hôtes et
donnait des gratifications aux domestiques de la
maison. Le dimanche, l'empereur se faisait dire
la messe par le desservant du lieu et donnait toujours vingt napoléons, quelquefois plus, selon les
besoins des pauvres de la commune. Il question-

naît beaucoup les curés sur leurs ressources, sur celles de leurs paroissiens, sur l'esprit et la moralité de la population, etc. Il ne manquait que rarement à demander le nombre des naissances, des décès, des mariages, et s'il y avait beaucoup de garçons et de filles en âge d'être mariés. Si le curé répondait d'une manière satisfaisante et s'il n'avait pas été trop long-temps à dire sa messe, il pouvait compter sur les bonnes grâces de Sa Majesté; son église et ses pauvres s'en trouvaient bien, et pour lui-même l'empereur lui laissait à son départ, ou lui faisait expédier un brevet de chevalier de la Légion-d'Honneur. En général, Sa Majesté aimait qu'on lui répondît avec assurance et sans timidité; elle souffrait même la contradiction; on pouvait sans aucun risque lui faire une réponse inexacte, cela passait presque toujours, elle y faisait peu d'attention, mais elle ne manquait jamais de s'éloigner de ceux qui lui parlaient en hésitant et d'une manière embarrassée.

Partout où l'empereur se trouvait résider, il y avait toujours de service, le jour comme la nuit, un page et un aide-de-camp qui couchaient sur des lits de sangle. Il y avait aussi dans l'antichambre un maréchal-des-logis et un brigadier des écuries pour aller, quand il le fallait, faire avancer les équipages qu'on avait soin de tenir toujours prêts à marcher; des chevaux tout sellés et bridés, et des voitures attelées de deux chevaux sortaient des écuries au premier signe de Sa Majesté. On les relevait de service toutes les deux heures, comme des sentinelles.

J'ai dit tout à l'heure que Sa Majesté aimait les promptes réponses et celles qui annonçaient de la vivacité dans l'esprit. Voici deux anecdotes qui me paraissent venir à l'appui de cette assertion.

L'empereur passant un jour une revue sur la place du Carrousel, son cheval se cabra, et dans les efforts que fit Sa Majesté pour le retenir, son chapeau tomba à terre; un lieutenant (son nom était, je crois, Rabusson), aux pieds duquel le chapeau était tombé, le ramassa et sortit du front de bandière pour l'offrir à Sa Majesté. « Merci, » capitaine, » lui dit l'empereur encore occupé à calmer son cheval.— « Dans quel régiment, sire? » demanda l'officier. L'empereur le regarda alors avec plus d'attention, et s'apercevant de sa méprise, dit en souriant : « Ah! c'est juste, Monsieur; » dans la garde. » Le nouveau capitaine reçut peu de jours après le brevet qu'il devait à sa présence d'esprit, mais qu'il avait auparavant bien mérité par sa bravoure et sa capacité.

A une autre revue, Sa Majesté aperçut dans les rangs d'un régiment de ligne un vieux soldat dont le bras était décoré de trois chevrons. Elle le reconnut aussitôt pour l'avoir vu à l'armée d'Italie, et s'approchant de lui : — « Eh bien ! mon brave, » pourquoi n'as-tu pas la croix ? tu n'as pourtant » pas l'air d'un mauvais sujet. — Sire, répondit » la vieille moustache avec une gravité chagrine, » on m'a fait trois fois la queue pour la croix. — » On ne te la fera pas une quatrième, » reprit l'empereur ; et il ordonna au maréchal Berthier de porter sur la liste de la plus prochaine promotion le brave, qui fut en effet bientôt chevalier de la Légion-d'Honneur.

CHAPITRE XVI.

Le pape quitte Rome pour venir couronner l'empereur. — Il passe le Mont-Cénis. — Son arrivée en France. — Enthousiasme religieux. — Rencontre du pape et de l'empereur. — Finesses d'étiquette. — Respect de l'empereur pour le pape. — Entrée du pape à Paris. — Il loge aux Tuileries. — Attentions délicates de l'empereur, et reconnaissance du Saint-Père. — Le nouveau fils aîné de l'église. — Portrait de Pie VII. — Sa sobriété non imitée par les personnes de sa suite. — Séjour du pape à Paris. — Empressement des fidèles. — Visite du pape aux établissemens publics. — Audiences du pape, dans la grande salle du musée. — L'auteur assiste à une de ces réceptions. — La bénédiction du pape. — Le souverain pontife et les petits enfans. — Costume du Saint-Père. — Le pape et madame la comtesse de Genlis. — Les marchands de chapelets. — Le 2 décembre 1804. — Mouvement dans le château des Tuileries. — Lever et toilette de l'empereur. — Les fournisseurs et leurs mémoires. — Costume de l'empereur, le jour du sacre. — Constant remplissant une des fonctions du premier chambellan. — Le manteau du sacre et l'uniforme de grenadier. — Joyaux de l'impératrice. — Couronne, diadème et ceinture de l'impératrice. — Le sceptre, la main de justice et l'épée du sacre. — MM. Margueritte, Odiot et Biennais, joailliers. — Voiture du pape. Le premier camérier et sa monture. — Voiture du sacre. — Singulière méprise de Leurs Majestés. — Cortége du sacre. — Cérémonie religieuse. — Musique du sacre. — M. Lesueur et la marche de Boulogne. — Joséphine couronnée par l'empereur. — Le regard d'intelligence. — Le couronnement et l'idée du divorce. — Chagrin de l'empereur et ce qui le causait. — Serment du sacre. — La galerie de l'archevêché. — Trône de Leurs Majestés. — Illuminations. — Présens offerts par l'empereur à l'église de Notre-Dame. — La discipline et la tunique de saint Louis. — Médailles du couronnement de l'empereur. — Réjouissances publiques.

Le pape Pie VII avait quitté Rome au commencement de novembre. Sa sainteté, accompagnée par le général Menou, administrateur du Piémont, arriva sur le Mont-Cénis le 15 novembre au matin. On avait jalonné et aplani la route du Mont-Cénis, et tous les points périlleux avaient été garnis de barrières. Le Saint-Père fut complimenté par M. Poitevin-Maissemy, préfet du Mont-Blanc. Après une courte visite à l'hospice, il fit la traversée du mont, dans une chaise à porteurs, escorté d'une foule immense qui se précipitait pour recevoir sa bénédiction.

Le 17 novembre, Sa Sainteté remonta en voiture et fit ainsi le reste du chemin, toujours aussi accompagnée. L'empereur alla au devant du Saint-Père, et ce fut sur la route de Nemours, dans la forêt de Fontainebleau, qu'ils se rencontrèrent. L'empereur descendit de cheval, et les deux souverains rentrèrent à Fontainebleau dans la même voiture. On dit que pour que l'un ne prît point le pas sur l'autre, ils y étaient montés en même temps, Sa Majesté par la portière de droite, Sa Sainteté par la portière de gauche. Je ne sais si l'empereur usa de précautions et de finesses pour éviter de compromettre sa dignité; mais ce que je sais bien, c'est qu'il eût été impossible d'avoir plus d'égards et d'attentions qu'il n'en eut pour le vénérable vieillard. Le lendemain de son arrivée à Fontainebleau, le pape fit son entrée à Paris, avec tous les honneurs que l'on rendait ordinairement au chef de l'empire; un logement lui avait été préparé aux Tuileries, dans le pavillon de Flore; et par suite de la recherche délicate et affectueuse que Sa Majesté avait mise dès le commencement à bien recevoir le Saint-Père, celui-ci trouva son appartement distribué et meublé exactement comme celui qu'il occupait à Rome; il témoigna vivement sa surprise et sa reconnaissance d'une attention que lui-même, dit-on, appela délicatement, *toute filiale*, voulant faire allusion en même temps au respect que l'empereur lui avait montré en toute occasion, et au nouveau titre de fils aîné de l'église, que Sa Majesté allait prendre avec la couronne impériale.

Chaque matin, j'allais, par ordre de Sa Majesté, demander des nouvelles du Saint-Père. Pie VII avait une noble et belle figure, un air de bonté angélique, la voix douce et sonore; il parlait peu, lentement, mais avec grâce; d'une simplicité extrême et d'une sobriété incroyable; il était indulgent et sans rigueur pour les autres. Aussi, sous le rapport de la bonne chère, les personnes de sa suite ne se piquaient pas de l'imiter, mais profitaient au contraire largement de l'ordre qu'avait donné l'empereur, de fournir tout ce qui serait demandé. Les tables qui leur étaient destinées étaient abondamment et même magnifiquement servies; ce qui n'empêchait pas qu'un panier de chambertin ne fût demandé chaque jour pour la table particulière du pape, qui dînait tout seul et ne buvait que de l'eau.

Le séjour de près de cinq mois que le Saint-Père fit à Paris, fut un temps d'édification pour les fidèles, et Sa Sainteté dut emporter la meilleure idée d'une population qui, après avoir cessé de pratiquer et de voir pendant plus de dix ans les cérémonies de la religion catholique, les avait reprises avec une avidité inexprimable. Lorsque le pape n'était pas retenu dans ses appartemens par la délicatesse de sa santé, pour laquelle la différence du climat, comparé à celui de l'Italie, et la rigueur de la saison l'obligeaient à prendre de grandes précautions, il visitait les églises, les musées et les établissemens d'utilité publique. Quand le mauvais temps l'empêchait de sortir, on présentait à Pie VII, dans la grande galerie du musée Napoléon, les personnes qui demandaient cette faveur. Je fus un jour prié par des dames de ma connaissance de les conduire à cette audience du Saint-Père, et je me fis un plaisir de les accompagner.

La longue galerie du musée était occupée par une double haie d'hommes et de dames. La plupart de celles-ci étaient des mères de famille, et elles avaient leurs enfans autour d'elles ou dans leurs bras, pour les présenter à la bénédiction du Saint-Père. Pie VII arrêtait ses regards sur ces groupes d'enfans avec une douceur et une bonté vraiment angélique. Précédé du gouverneur du musée, et suivi des cardinaux et des seigneurs de sa maison, il s'avançait lentement entre deux rangs de fidèles agenouillés sur son passage; souvent il s'arrêtait pour poser sa main sur la tête d'un enfant, adresser quelques mots à la mère, et donner son anneau à baiser. Son costume était une simple soutane blanche, sans aucun ornement. Au moment où le pape allait arriver à nous, le directeur du musée présenta une dame qui attendait à genoux, comme les autres, la bénédiction de Sa Sainteté. J'entendis M. le directeur nommer cette dame, madame la comtesse de Genlis. Le Saint-Père, après lui avoir tendu son anneau, la releva et lui adressa avec affabilité quelques paroles flatteuses, lui faisant compliment de ses ouvrages et de l'heureuse influence qu'ils avaient exercée sur le rétablissement de la religion catholique en France.

Les marchands de chapelets et de rosaire durent faire leur fortune durant cet hiver. Il y avait des magasins où il s'en débitait plus de cent douzaines par jour. Pendant le mois de janvier seulement, cette branche d'industrie rapporta, dit-on, à un marchand de la rue Saint-Denis, 40,000 fr. de bénéfice net. Toutes les personnes qui se présentaient à l'audience du Saint-Père, ou qui se pressaient autour de lui, dans sa sortie, faisaient bénir des chapelets pour elles-mêmes, pour tous leurs parens et pour leurs amis de Paris ou de la province. Les cardinaux en distribuaient aussi une incroyable quantité, dans leurs visites aux divers hôpitaux, aux hospices, à l'hôtel des Invalides, etc. On leur en demandait même dans leurs visites chez des particuliers.

La cérémonie du sacre de Leurs Majestés avait été fixée au 2 décembre. Le matin de ce grand jour, tout le monde au château fut sur pied de très-bonne heure, surtout les personnes attachées au service de la garde-robe. L'empereur se leva à huit heures. Ce n'était pas une petite affaire que de faire endosser à Sa Majesté le riche costume qui lui avait été préparé pour la circonstance; et pendant que je l'habillais, elle ne se fit pas faute d'apostrophes et de malédictions contre les brodeurs, tailleurs et fournisseurs de toute espèce. A mesure que je lui passais une pièce de son habillement : « Voilà qui est beau, monsieur le drôle, disait-il » (et mes oreilles d'entrer en jeu), mais nous ver- » rons les mémoires. » Voici quel était ce costume : bas de soie brodés en or, avec la couronne impériale au dessus des coins; brodequins de velours blanc, lacés et brodés en or; culotte de velours blanc brodée en or sur les coutures, avec boutons et boucles en diamans aux jarretières; la veste, aussi de velours blanc brodée en or, boutons en diamans; l'habit de velours cramoisi, avec paremens en velours blanc, brodé sur toutes les coutures, fermé par devant jusqu'en bas, étincelant d'or. Le demi-manteau aussi cramoisi, doublé de satin

blanc, couvrant l'épaule gauche et rattaché à droite
sur la poitrine avec une double agrafe en diamans. Autrefois, en pareille circonstance, c'était le
grand-chambellan qui passait la chemise. Il paraît que Sa Majesté ne songea point à cette loi de
l'étiquette, et ce fut moi simplement qui remplis
cet office, comme j'avais coutume de le faire. La
chemise était une des chemises ordinaires de Sa
Majesté, mais d'une baptiste fort belle; l'empereur ne portait que de très-beau linge. Seulement
on y avait adapté des manchettes d'une superbe
dentelle; la cravate était de la mousseline la plus
parfaite, et la colerette en dentelle magnifique;
la toque en velours noir était surmontée de
deux aigrettes blanches; la ganse en diamans, et
pour bouton le *régent.* L'empereur partit ainsi
vêtu des Tuileries, et ce ne fut qu'à Notre-Dame
qu'il mit sur ses épaules le grand manteau du sacre.
Il était de velours cramoisi, parsemé d'abeilles
d'or, doublé de satin blanc et d'hermine, et attaché
par des torsades en or; le poids en était d'au moins
quatre-vingts livres, et quoiqu'il fût soutenu par
quatre grands dignitaires, l'empereur en était
écrasé. Aussi, de retour au château, il se débarrassa
au plus vite de tout ce riche et gênant attirail,
et en endossant son uniforme des grenadiers, il
répétait sans cesse : « Enfin, je respire! » Il était

certainement beaucoup plus à son aise un jour de bataille.

Les joyaux qui servirent au couronnement de Sa Majesté l'impératrice, et qui consistaient en une couronne, un diadème et une ceinture, sortaient des ateliers de M. Margueritte. La couronne était à huit branches qui se réunissaient sous un globe d'or surmonté d'une croix. Les branches étaient garnies de diamans, quatre en forme de feuilles de palmier, et quatre en feuilles de myrte. Autour de la courbure régnait un cordon incrusté de huit émeraudes énormes. Le bandeau qui reposait sur le front étincelait d'améthystes. Le diadème était composé de quatre rangées de perles de la plus belle eau, entrelacées de feuillages en diamans parfaitement assortis, et montés avec un art aussi admirable que la richesse de la matière. Sur le front étaient plusieurs gros brillans, dont un seul pesait cent quarante-neuf grains. La ceinture enfin était un ruban d'or enrichi de trente-neuf pierres roses.

Le sceptre de Sa Majesté l'empereur avait été confectionné par M. Odiot. Il était d'argent, enlacé d'un serpent d'or et surmonté d'un globe sur lequel on voyait Charlemagne assis. La main de justice et la couronne, ainsi que l'épée, étaient d'un travail exquis. La description en serait trop longue. Elles sortaient des ateliers de M. Biennais.

A neuf heures du matin, le pape sortit des Tuileries, pour se rendre à Notre-Dame, dans une voiture attelée de huit chevaux gris-pommelés. Sur l'impériale était une tiare avec tous les attributs de la papauté en bronze doré. Le premier camérier de Sa Sainteté, monté sur une mule, précédait la voiture, portant une croix de vermeil.

Il y eut un intervalle d'une heure environ entre l'arrivée du pape à Notre-Dame et celle de Leurs Majestés. Leur départ des Tuileries se fit à onze heures précises et fut annoncé par de nombreuses salves d'artillerie. Leurs Majestés étaient dans une voiture toute éclatante d'or et de peintures précieuses, traînée par huit chevaux de couleur isabelle, caparaçonnés avec une richesse extraordinaire. Sur l'impériale on voyait une couronne soutenue par quatre aigles, les ailes déployées. Les panneaux de cette voiture, objet de l'admiration universelle, étaient en glace, au lieu d'être en bois, de sorte que le fond ressemblait beaucoup au devant. Cette similitude fut cause que Leurs Majestés, en montant, se trompèrent de côté et s'assirent sur le devant; ce fut l'impératrice qui d'abord s'aperçut de cette méprise, dont elle rit beaucoup, ainsi que son époux,

Je n'entreprendrai point la description du cortége, quoique les souvenirs que j'en ai gardés soient encore complets et récens; mais j'aurais trop de choses à dire. Qu'on se figure dix mille hommes de cavalerie d'une superbe tenue, défilant entre deux haies d'infanterie aussi brillante, occupant chacune en longueur un espace de près d'une demi-lieue. Que l'on songe au nombre des équipages, à leur richesse, à la beauté des attelages et des uniformes, à cette multitude de musiciens jouant les marches du sacre au bruit des cloches et du canon; qu'on ajoute l'effet produit par le concours de quatre à cinq cent mille spectateurs; et l'on sera bien loin encore d'avoir une juste idée de cette étonnante magnificence.

Au mois de décembre, il est rare que le temps soit bien beau : ce jour-là pourtant, le ciel sembla favoriser l'empereur : au moment de son entrée à l'archevêché, un brouillard assez épais, qui avait duré toute la matinée, se dissipa, et permit au soleil d'ajouter l'éclat de ses rayons à la splendeur du cortége. Cette circonstance singulière fut remarquée par les spectateurs et augmenta l'enthousiasme.

Toutes les rues par lesquelles passa le cortége étaient soigneusement nettoyées et sablées; les habitans avaient décoré la façade de leurs maisons, selon leur goût et leurs moyens, en draperies, en tapisseries, en papier peint, quelques-uns avec des guirlandes de feuilles d'if. Presque toutes les boutiques du quai des Orfévres étaient garnies de festons en fleurs artificielles.

La cérémonie religieuse dura près de quatre heures, et dut être on ne peut plus fatigante pour les principaux acteurs ; le service de la chambre fut obligé de se tenir constamment dans l'appartement préparé pour l'empereur à l'archevêché. Pourtant les curieux (et nous l'étions tous) se détachaient de temps en temps, et purent ainsi voir à loisir la cérémonie.

Je n'ai peut-être jamais entendu d'aussi belle musique ; elle était de la composition de MM. Paësiello, Rose et Lesueur, maîtres de chapelle de Leurs Majestés; l'orchestre et les chœurs offraient une réunion des premiers talens de Paris. Deux orchestres à quatre chœurs, composés de plus de trois cents musiciens, étaient dirigés, l'un par M. Persuis, l'autre par M. Rey, tous deux chefs de la musique de l'empereur. M. Laïs, premier chanteur de Sa Majesté , M. Kreutzer et M. Baillot, premiers violons du même titre , s'étaient adjoint tout ce que la chapelle impériale, tout ce que l'opéra et les grands théâtres lyriques possédaient de talens supérieurs en instrumentistes aussi bien qu'en chanteurs et chanteuses. La musique militaire était innombrable, et sous les ordres de M. Le-

sueur; elle exécutait des marches héroïques, dont
une, commandée par l'empereur à M. Lesueur
pour l'armée de Boulogne, est encore aujourd'hui,
au jugement des connaisseurs, digne de figurer
au premier rang des plus belles et des plus impo-
santes compositions musicales. Quant à moi, cette
musique me rendait pâle et tremblant; je frisson-
nais par tout le corps en l'écoutant.

Sa Majesté ne voulut point que le pape mît la main
à sa couronne; il la plaça lui-même sur sa tête. C'é-
tait un diadème de feuilles de chêne et de laurier
en or. Sa Majesté prit ensuite la couronne destinée à l'impératrice, et, après s'en être couvert
quelques instans, la posa sur le front de son auguste épouse, à genoux devant lui. Elle versait des
larmes d'émotion, et, en se relevant, elle fixa sur
l'empereur un regard de tendresse et de reconnaissance; l'empereur le lui rendit, mais sans rien
perdre de la gravité qu'exigeait une si imposante
cérémonie devant tant de témoins; et malgré cette
gêne, leurs cœurs se comprirent au milieu de cette
brillante et bruyante assemblée. Certainement l'i-
dée du divorce n'était point alors dans la tête de
l'empereur, et, pour ma part, je suis sûr que jamais cette cruelle séparation n'aurait eu lieu, si Sa
Majesté l'impératrice eût pu avoir encore des enfans; ou même seulement si le jeune Napoléon, fils

du roi de Hollande et de la reine Hortense, ne fût pas mort dans le temps où l'empereur songeait à l'adopter. Cependant je dois avouer que la crainte ou pour mieux dire la certitude de n'avoir point de Joséphine un héritier de son trône, mettait l'empereur au désespoir; et souvent je l'ai entendu s'interrompre subitement au milieu de son travail, et s'écrier avec chagrin : « A qui laisserai-je tout » cela? »

Après la messe, Son Excellence le cardinal Fesch, grand-aumônier de France, porta le livre des évangiles à l'empereur, qui, du haut de son trône, prononça le serment impérial d'une voix si ferme e si distincte que tous les assistans l'entendirent. C'est alors que, pour la vingtième fois peut-être, le cri de *vive l'empereur !* sortit de toutes les bouches; on chanta le *Te Deum*, et Leurs Majestés sortirent de l'église avec le même appareil qu'elles y étaient entrées. Le pape resta dans l'église un quart d'heure environ après les souverains, et lorsqu'il se leva pour se retirer, des acclamations universelles le saluèrent depuis le chœur jusqu'au portail.

Leurs Majestés ne rentrèrent au château qu'à six heures et demie, et le pape à près de sept heures. Pour entrer à l'église. Leurs Majestés passèrent, comme je l'ai dit, par l'archevêché, dont les bâtimens communiquaient avec Notre-Dame au moyen d'une galerie en charpente. Cette galerie, couverte en ardoises et tendue de tapisseries superbes, aboutissait à un portail, aussi en charpente, établi devant la principale entrée de l'église, et d'un style en harmonie parfaite avec l'architecture gothique de cette belle métropole. Ce portail volant reposait sur quatre colonnes décorées d'inscriptions en lettres d'or qui représentaient les noms des trente-six principales villes de France, dont les maires avaient été députés au couronnement. Sur le haut de ces colonnes étaient peints en relief Clovis et Charlemagne assis sur leur trône, le sceptre à la main. Au centre du frontispice étaient figurées les armes de l'empire ombragées par les drapeaux des seize cohortes de la Légion-d'Honneur. Aux deux côtés on voyait deux tourelles surmontées d'aigles en or. Le dessous de ce portique, ainsi que de la galerie, était façonné en voûte, peint en bleu de ciel, et semé d'étoiles.

Le trône de Leurs Majestés était élevé sur une estrade demi-circulaire, couverte d'un tapis bleu parsemé d'abeilles. On y montait par vingt-deux degrés. Ce trône, drapé en velours rouge, était surmonté d'un pavillon ussi en velours rouge, dont les aîles ombrageaient, à gauche, l'impératrice, les princesses et leurs dames d'honneur ; à droite, lès deux frères de l'empereur, l'archi-chancelier et l'archi-trésorier.

Rien de plus magnifique que le coup d'œil du jardin des Tuileries, le soir de cette belle journée. Le grand parterre entouré de portiques en lampions, de chaque arcade desquelles descendait une guirlande en verres de couleur; la grande allée décorée de colonnades surmontées d'étoiles; sur les terrasses, des orangers de feu; chaque arbre des autres allées éclairé par des lampions; enfin, pour couronner l'illumination, une immense étoile suspendue sur la place de la Concorde, dominant tous les autres feux. C'était un palais de feu.

A l'occasion du couronnement, Sa Majesté fit des présens magnifiques à l'église métropolitaine. On remarquait entre autres choses un calice en vermeil orné de bas-reliefs, composés par le célèbre Germain; un ciboire, deux burettes avec le plateau, un bénitier et un plat d'offrande; le tout en vermeil et précieusement travaillé. D'après les ordres de Sa Majesté, transmis par le ministre de l'intérieur, on remit aussi à M. d'Astros, chanoine de Notre-Dame, un carton contenant la couronne d'épines, une cheville et un morceau de bois de la vraie croix; une petite bouteille renfermant, dit-on, du sang de notre Seigneur; une discipline de

fer qui avait servi à saint Louis, et une tunique
ayant également appartenu à ce roi.

Le matin, M. le maréchal Murat, gouverneur de
Paris, avait donné un déjeuner magnifique aux
princes d'Allemagne qui étaient venus à Paris pour
assister au couronnement. Après le déjeuner, le
maréchal-gouverneur les fit conduire à Notre-
Dame dans quatre voitures à six chevaux, avec une
escorte de cent hommes à cheval commandés par
un de ses aides-de-camp. Ce cortége fut particulièrement remarqué par son élégance et sa richesse.

Le lendemain de cette grande et mémorable
solennité fut un jour de réjouissances publiques.
Dès le matin, une population innombrable, favorisée par un temps magnifique, se répandit sur les
boulevards, sur les quais et sur les places, où l'on
avait disposé des divertissemens variés à l'infini.

Les hérauts d'armes parcoururent de bonne
heure les places publiques, jetant à la foule qui se
pressait sur leur passage des médailles frappées en
mémoire du couronnement. Ces médailles représentaient d'un côté la figure de l'empereur, le front
ceint de la couronne des Césars, avec ces mots
pour légende : *Napoléon empereur.* Au revers
étaient une figure revêtue du costume de magis-
trat, entourée d'attributs analogues, et celle d'un

guerrier antique soulevant sur un bouclier un héros couronné et couvert du manteau impérial. Au dessous on lisait : *Le sénat et le peuple.* Aussitôt après le passage des hérauts d'armes commencèrent les réjouissances , qui se prolongèrent fort avant dans la soirée.

On avait élevé sur la place Louis XV, qui s'appelait alors place de la Concorde, quatre grandes salles carrées , en charpente et en menuiserie , pour la danse et les valses. Des théâtres de pantomime et de farces étaient placés sur les boulevards de distance en distance ; des groupes de chanteurs et de musiciens exécutaient des airs nationaux et des marches guerrières ; des mâts de cocagne, des danseurs de corde, des jeux de toute espèce, arrêtaient les promeneurs à chaque pas, et leur faisaient attendre sans impatience le moment des illuminations et du feu d'artifice.

Les illuminations furent admirables. Depuis la place Louis XV jusqu'à l'extrémité du boulevard Saint-Antoine régnait un double cordon de feux de couleur en guirlandes. L'ancien Garde-Meuble, le palais du Corps-Législatif, resplendissaient de lumières ; les portes Saint-Denis et Saint-Martin étaient couvertes de lampions depuis le haut jusqu'en bas.

Dans la soirée, tous les curieux se portèrent sur

les quais et les ponts, afin de voir le feu d'artifice,
qui fut tiré du pont de la Concorde (aujourd'hui
pont Louis XVI), et surpassa en éclat tous ceux
qu'on avait vus jusqu'alors.

CHAPITRE V.

Cérémonie de la distribution des aigles. — Allocution de l'empereur. — Serment. — La grande revue et la pluie. — Banquet aux Tuileries. — Panégyrique de la conscription, fait par l'empereur. — Grandes réceptions. — Fête à l'Hôtel-de-Ville de Paris. — Distribution de comestibles bien réglée. — Le vaisseau de feu. — Passage du mont Saint-Bernard au milieu des flammes. — Toilette et service en or, offerts à Leurs Majestés par la ville de Paris. — Le ballon de M. Garnerin. — Incident curieux. — Voyage *par air*, de Paris à Rome, *en vingt-quatre heures*. — Billet de M. Garnerin et lettre du cardinal Caprara. — Les bateliers et la maison flottante. — Quinze lieues par heure. — Histoire d'un aérostat. — Intrépidité de deux femmes. — Gratifications accordées par la ville de Paris. — Bonté de l'empereur et de son frère Louis. — Grâce accordée par l'empereur. — Statue érigée à l'empereur dans la salle des séances du Corps-Législatif. — L'impératrice Joséphine et le chœur de Gluck. — Heureux à-propos. — Le voile levé par les maréchaux Murat et Masséna. — Fragment d'un éloge de l'empereur, prononcé par M. de Vaublanc. — Bouquet et bal. — Profusion de fleurs au mois de janvier.

***

Le mercredi 5 décembre, trois jours après le couronnement, l'empereur fit au Champ-de-Mars la distribution des drapeaux.

La façade de l'Ecole-Militaire était décorée d'une galerie composée de tentes placées au niveau des appartemens du premier étage. La tente du milieu, fixée sur quatre colonnes qui portaient des figures dorées représentant la Victoire, couvrait le trône de Leurs Majestés. Excellente précaution; car, ce jour-là, le temps fut horrible. Le dégel avait pris subitement, et l'on sait ce que c'est qu'un dégel parisien.

Autour du trône étaient placés les princes et les princesses, les grands dignitaires, les ministres, les maréchaux de l'empire, les grands officiers de la couronne, les dames de la cour et le conseil d'état.

La galerie se divisait à droite et à gauche en seize parties décorées d'enseignes militaires et couronnées par des aigles. Ces seize parties représentaient les seize cohortes de la Légion-d'Honneur. La droite était occupée par le sénat, les officiers de la Légion-d'Honneur, la cour de cassation et les chefs de la comptabilité nationale. La gauche l'était par le tribunat et le corps législatif.

A chaque bout de la galerie était un pavillon; celui du côté de la ville portait le nom de tribune impériale; il était destiné aux princes étrangers. Le corps diplomatique et les personnages étrangers de distinction remplissaient l'autre pavillon.

On descendait de cette galerie dans le Champ-de-Mars par un immense escalier, dont le premier degré, qui faisait banquette au dessous des tribunes, était garni par les présidens de canton, les préfets, les sous-préfets et les membres du conseil municipal. Aux deux côtés de cet escalier on voyait les figures colossales de la France faisant la paix et de la France faisant la guerre. Sur les degrés étaient rangés les colonels des régimens et les présidens des colléges électoraux des départemens, qui portaient les aigles impériales.

Le cortége de Leurs Majestés sortit à midi du château des Tuileries dans l'ordre adopté pour le couronnement. Les chasseurs de la garde et l'escadron des mamelucks marchaient en avant; la légion d'élite et les grenadiers à cheval suivaient; la garde municipale et les grenadiers de la garde formaient la haie. Leurs Majestés étant entrées à l'École Militaire, reçurent les hommages du corps diplomatique que l'on introduisit pour cela dans les grands appartemens de l'École. Ensuite l'empereur et l'impératrice se revêtirent de leurs ornemens du sacre et vinrent s'asseoir sur leur trône, au bruit des décharges réitérées de l'artillerie et des acclamations universelles.

Au signal donné, les députations de l'armée répandues sur le Champ-de-Mars se mirent en colonnes serrées et s'approchèrent du trône au bruit des fanfares. L'empereur s'étant levé, le plus grand silence s'établit, et d'une voix forte, Sa Majesté prononça ces paroles :

« Soldats, voilà vos drapeaux! ces aigles vous
» serviront toujours de point de ralliement; ils
» seront partout où votre empereur jugera leur
» présence nécessaire pour la défense de son
» trône et de son peuple.

» Vous jurez de sacrifier votre vie pour les dé-
» fendre, et de les maintenir constamment, par
» votre courage, sur le chemin de la victoire : vous
» le jurez! »

Nous le jurons! répétèrent tous ensemble les colonels et les présidens des colléges, en balançant dans les airs les drapeaux qu'ils tenaient. *Nous le jurons!* dit à son tour toute l'armée, tandis que la musique jouait la marche célèbre connue sous le nom de *marche des drapeaux.*

Ce mouvement d'enthousiasme s'était communiqué aux spectateurs, qui, malgré la pluie, se pressaient en foule sur les gradins qui forment l'enceinte du Champ-de-Mars. Bientôt les aigles allèrent prendre la place qui leur était destinée, et l'armée vint par divisions défiler devant le trône de Leurs Majestés.

Quoiqu'on eût rien épargné pour donner à cette cérémonie toute la magnificence possible, elle ne fut point brillante; le motif seul était imposant, mais comment satisfaire l'œil à travers des torrens de neige fondue, au milieu d'une mer de boue, aspect que présentait le Champ-de-Mars ce jour-là? Les troupes étaient sous les armes depuis six heures du matin, exposées à la pluie et forcées de la recevoir, sans aucune apparence d'utilité! C'est ainsi du moins qu'elles envisageaient la question. La distribution des drapeaux n'était pour ces hommes qu'une revue pure et simple, et certes, autre chose est aux yeux du soldat de recevoir la pluie sur un champ de bataille, ou bien un jour de fête, avec un fusil bien luisant et une giberne vide.

Le cortége était de retour aux Tuileries à cinq heures. Il y eut un grand banquet dans la galerie de Diane. Le pape, l'électeur souverain de Ratisbonne, les princes et princesses, les grands dignitaires, le corps diplomatique et beaucoup d'autres personnes étaient invitées.

La table de Leurs Majestés, dressée au milieu de la galerie sur une estrade, était couverte par un dais magnifique. L'empereur s'y assit à la droite de l'impératrice et le pape à sa gauche. Le service fut fait par les pages. Le grand-chambellan, le grand-écuyer et le colonel-général de la garde se tenaient debout devant Sa Majesté ; le grand-maréchal du palais à droite, et en avant de la table et plus bas, le préfet du palais, à gauche et vis-à-vis le grand-maréchal, le grand-maître des cérémonies, se tenaient également debout.

Des deux côtés de la table de Leurs Majestés étaient celle de leur altesses impériales, celle du corps diplomatique, celle des ministres et des grands-officiers, enfin celle de la dame d'honneur de l'impératrice.

Après le dîner, il y eut cercle, concert et bal.

Le lendemain de la distribution des aigles, son altesse impériale le prince Joseph présenta à Sa Majesté les présidens des colléges électoraux de départemens. Les présidens des colléges d'arrondissemens et les préfets furent introduits ensuite et reçus par Sa Majesté.

L'empereur s'entretint avec la plupart de ces fonctionnaires, sur les besoins de chaque département, les remercia de leur zèle à le seconder, puis il leur recommanda spécialement l'exécution de la loi sur la conscription. « Sans la conscription, » dit Sa Majesté, il ne peut y avoir ni puissance » ni indépendance nationales... Toute l'Europe est » assujettie à la conscription. Nos succès, et la

» force de notre position, tiennent à ce que nous
» avons une armée nationale ; il faut s'attacher avec
» soin cet avantage· »

Ces présentations durèrent plusieurs jours; Sa
Majesté reçut tour à tour, et toujours avec le même
cérémonial, les présidens des hautes cours de justice, les présidens des conseils généraux des départemens, les sous-préfets, les députés des colo-
nies, les maires des trente-six villes principales,
les présidens des cantons, les vice-présidens des
chambres de commerce et les présidens des con-
sistoires.

Quelques jours après, la ville de Paris offrit
à Leurs Majestés une fête dont l'éclat et la magnificence surpassaient tout ce qui serait possible d'en dire. L'empereur, l'impératrice, les
princes Joseph et Louis, montèrent ensemble pour
s'y rendre dans la voiture du sacre. Des batteries
établies sur le Pont-Neuf annoncèrent le moment
où Leurs Majestés mettaient le pied sur le perron
de l'Hôtel-de-Ville. Au même instant, des buffets
chargés de pièces de volaille, et des fontaines de
vin attiraient sur la principale place de chacune des
douze municipalités de Paris, une multitude immense, dont presque chaque individu eut sa part
dans les distributions de comestibles, grâce à la

précaution qu'avaient prise les autorités de ne donner une pièce que sur la présentation d'un billet.
La façade de l'Hôtel-de-Ville était illuminée en verres de couleur. Ce qui me frappa le plus fut la vue
d'un vaisseau percé de quatre-vingts canons, dont
les ponts, les mâts, les voiles et les cordages étaient
figurés en illuminations. Le bouquet du feu d'artifice, auquel l'empereur lui-même mit le feu,
représentait le Saint-Bernard vomissant un volcan
du milieu de ses rochers couverts de neige. On y
voyait l'image de l'empereur éclatante de lumière,
gravissant à cheval, à la tête de son armée, le som-
met escarpé du mont. Il se trouva au bal plus de
sept cents personnes, sans qu'il y eût le moindre
désordre. Leurs Majestés se retirèrent de bonne
heure.

L'impératrice, en entrant dans l'appartement
qui lui avait été préparé à l'Hôtel-de-Ville, y avait
trouvé une toilette en or, complètement fournie
et de la plus grande richesse. Lorsqu'elle fut ap-
portée aux Tuileries, ce fut, pendant plusieurs
jours, le bijou favori et le sujet des conversations
de sa majesté l'impératrice. Elle voulait que tout
le monde admirât ce meuble, et en effet personne
ne songeait à se faire tirer l'oreille pour cela. Leurs
Majestés permirent que cette toilette, et un service
dont la ville avait pareillement fait hommage à

l'empereur, furent exposés à la curiosité du public pendant quelques jours.

Après le feu d'artifice, on vit s'élever un ballon superbe, dont toute la circonférence, la nacelle et les cordes qui rattachaient celle-ci au ballon, étaient décorées de guirlandes lumineuses en verres de couleur. C'était un magnifique spectacle que cette énorme masse montant lentement mais légèrement dans les airs; quelque temps elle resta suspendue au dessus de Paris, comme pour attendre que la curiosité publique fût satisfaite; puis le ballon ayant vraisemblablement trouvé, à la hauteur où il était parvenu, un courant d'air plus rapide, disparut chassé par le vent dans la direction du midi; ne l'apercevant plus on cessa de s'en occuper; mais quinze jours après un incident très-singulier ramena sur ce ballon l'attention universelle.

Un matin, pendant que j'habillais l'empereur (c'était, je crois, ou le jour même, ou la veille du jour de l'an), un des ministres de Sa Majesté fut introduit, et l'empereur lui ayant demandé quelles étaient les nouvelles de Paris, comme il avait coutume de le faire aux personnes qu'il voyait de bonne heure dans la matinée, le ministre répondit: « J'ai laissé hier fort tard le cardinal Caprara, et » j'ai appris de lui la chose la plus étrange. — Quoi

» donc? de quoi s'agit-il? » Et Sa Majesté, s'imaginant sans doute qu'il allait être question de quelque incident politique, s'apprêtait à emmener son ministre dans son cabinet, avant d'avoir complétement achevé sa toilette, lorsque son excellence se hâta d'ajouter : « Il ne s'agit point, Sire, d'un évé» nement bien sérieux. Votre Majesté n'ignore pas » que l'on a parlé dernièrement au cercle de sa » majesté l'impératrice, du chagrin de ce pauvre Gar» nerin, qui n'avait pu, jusqu'à présent, retrouver » le ballon qu'il lança le jour de [la fête offerte à » l'empereur par la ville de Paris; aujourd'hui même » il va recevoir des nouvelles de son aérostat. — » Où donc était-il tombé? demanda l'empereur. — » A Rome, Sire.—Ah! voilà qui est curieux en effet. » —Oui, Sire, le ballon de Garnerin a montré, en » vingt-quatre heures, votre couronne impériale » aux deux capitales du monde. » Alors le ministre raconta à Sa Majesté les détails suivans, qui furent rendus publics à cette époque, mais que je crois assez intéressans pour que l'on me sache quelque gré de les rappeler ici.

M. Garnerin avait attaché à son aérostat l'avis suivant :

« Le ballon porteur de cette lettre a été lancé » à Paris, le 25 frimaire, au soir (16 décembre),

» par M. Garnerin, aéronaute privilégié de sa
» majesté l'empereur de Russie, et aéronaute or-
» dinaire du gouvernement français, à l'occasion
» d'une fête donnée par la ville de Paris à sa ma-
» jesté l'empereur Napoléon, pour célébrer son
» couronnement. Les personnes qui trouveront ce
» ballon sont priées d'en informer M. Garnerin,
» qui se rendra sur les lieux. »

L'aéronaute s'attendait sans doute, en écrivant
ce billet, à recevoir avis le lendemain que son ballon était descendu dans la plaine de Saint-Denis
ou dans celle de Grenelle ; car il est à présumer
qu'il ne songeait guère à un voyage à Rome, lorsqu'il
s'engageait à *se rendre sur les lieux*. Plus de quinze
jours se passèrent sans qu'il reçût l'avertissement
sur lequel il avait compté, et il avait probablement fait le sacrifice de son ballon, lorsqu'il lui
arriva une lettre ainsi conçue, du nonce de sa
sainteté :

« Le cardinal Caprara vient d'être chargé par
» son excellence le cardinal Gonsalvi, secrétaire
» d'état de Sa Sainteté, de remettre à M. Garnerin
» la copie d'une lettre datée du 18 décembre ; il
» s'empresse de la lui envoyer, et d'y joindre même
» la copie de la dépêche qui l'accompagnait. Le-

» dit cardinal saisit cette occasion pour témoigner
» à M. Garnerin toute son estime. »

A cette lettre était jointe la traduction du rapport fait au cardinal secrétaire d'état à Rome, par
M. le duc de Mondragone, et daté d'Anguillora
près Rome, le 18 décembre :

« Hier au soir, vers la vingt-quatrième heure,
» on vit passer dans les airs un globe d'une gran-
» deur étonnante, lequel étant tombé sur le lac de
» Bracciano, paraissait être une maison. On en-
» voya des bateliers pour le mettre à terre; mais
» ils ne purent y réussir, étant contrariés par un
» vent impétueux, accompagné de neige. Ce matin,
» de bonne heure, ils sont venus à bout de le con-
» duire à bord. Ce globe est de taffetas gommé,
» couvert d'un filet; la galerie de fil de fer s'est un
» peu brisée. Il paraît qu'il avait été éclairé par
» des lampions et des verres de couleur, dont il
» reste plusieurs débris. On a trouvé, attaché au
» globe, l'avis suivant (celui qu'on a lu plus haut).»

Ainsi ce ballon étant parti de Paris le 16 décembre à sept heures du soir, et étant descendu le
lendemain 17, près Rome, à la vingt-quatrième
heure, c'est-à-dire à la fin du jour, a traversé

la France, les Alpes, etc., et parcouru une distance de trois cents lieues en vingt-deux heures. La vitesse de sa marche a donc été de quinze lieues par heure; et, ce qui est remarquable, ce ballon était chargé d'une décoration du poids de cinq cents livres.

L'histoire des courses précédentes de ce même ballon est faite pour piquer la curiosité. Sa première ascension eut lieu en présence de leurs majestés prussiennes et de toute la cour. Ce ballon, qui portait M. Garnerin, son épouse et M. Gaertner, fut descendre sur les frontières de la Saxe. La seconde expérience fut faite à Pétersbourg devant l'empereur, les deux impératrices et la cour. Le ballon enleva M. et madame Garnerin, qui descendirent à peu de distance sur un marais. C'est la première fois qu'on eut en Russie le spectacle d'une ascension aérostatique. La troisième expérience se fit également à Saint-Pétersbourg, en présence de la famille impériale. M. Garnerin s'éleva avec le général Lwolf. Ces deux voyageurs furent portés sur le golfe de Finlande, durant trois quarts d'heure et allèrent descendre à Krasnosalo, à vingt-cinq verstes de Pétersbourg. La quatrième expérience eut lieu à Moscou. M. Garnerin s'éleva à plus de quatre mille toises, fit une multitude d'expériences, et

alla descendre, au bout de sept heures, à trois
cent trente verstes de Moscou, sur les bords des
anciennes frontières de la Russie. Le même ballon
servit encore à l'ascension que madame Garnerin
fit à Moscou avec madame Toucheninolf, au milieu d'un orage affreux et des éclats d'un tonnerre
qui tua trois hommes à trois cents pas du ballon,
au moment où il s'élevait. Ces dames descendirent,
sans accident, à vingt-une verstes de Moscou.

La ville de Paris fit donner une gratification
de 600 francs aux bateliers qui avaient retiré le
ballon du lac de Bracciano. L'aérostat fut rapporté
à Paris et déposé dans les archives de l'Hôtel-de-
Ville.

Je fus témoin, ce même jour-là, de la bonté avec laquelle l'empereur accueillit la pétition d'une pauvre
dame, dont le mari, qui était, je crois, un notaire,
avait été condamné, je ne sais pour quelle faute,
à une longue réclusion. Au moment où la voiture
de Leurs Majestés impériales passait devant le Palais-Royal, deux femmes, une déjà âgée, l'autre
de seize ou dix-sept ans, s'élancèrent à la portière,
en criant : « Grâce pour mon mari ! Grâce pour mon
» père ! » L'empereur donna aussitôt avec force
l'ordre d'arrêter sa voiture, et tendit la main pour
prendre le placet, que la plus âgée des deux dames
ne voulait remettre qu'à lui. En même temps, il lui

adressa des paroles consolantes, en lui témoignant, avec le plus touchant intérêt, la crainte qu'elle ne fût blessée par les chevaux des maréchaux de l'empire, qui étaient à côté de la voiture. Pendant que cette bonté de son auguste frère excitait au plus haut point l'enthousiasme et la sensibilité des témoins de cette scène, le prince Louis, assis sur le siége de devant la voiture, s'était penché en dehors pour rassurer la jeune personne toute tremblante, et l'engager à consoler sa mère et à compter sur tout l'intérêt de l'empereur. La mère et la fille, suffoquées par leur émotion, ne pouvaient faire aucune réponse, et au moment où le cortége se remit en marche, je vis la première sur le point de tomber évanouie. On la porta dans une maison voisine, où elle ne revint à elle que pour verser, avec sa fille, des larmes de reconnaissance et de joie.

Le Corps Législatif avait arrêté qu'une statue en marbre blanc serait érigée à l'empereur dans la salle des séances, en mémoire de la confection du Code civil. Le jour de l'inauguration de ce monument, sa majesté l'impératrice, les princes Joseph, Louis, Borghèse, Bacciochi et leurs épouses, d'autres membres de la famille impériale, des députations des principaux ordres de l'état, le corps diplomatique et beaucoup d'étrangers de marque, les ministres, les maréchaux de l'empire, et un nombre considérable d'officiers généraux se rendirent sur les sept heures du soir au palais du Corps-Législatif.

Au moment où l'impératrice parut dans la salle, l'assemblée entière se leva, et un corps de musique placé dans une salle voisine fit entendre le chœur bien connu de Gluck, *Que d'attraits! que de majesté!*..... A peine eut-on distingué les premières mesures de ce chœur, que chacun en saisit avec enthousiasme l'heureux à propos, et les applaudissemens éclatèrent de toutes parts.

Sur l'invitation du président, les maréchaux Murat et Masséna levèrent le voile qui recouvrait la statue, et tous les regards se portèrent sur l'image de l'empereur, le front ceint d'une couronne de lauriers mêlée de feuilles de chêne et d'olivier. Lorsque le silence eut succédé aux acclamations excitées par ce spectacle, M. de Vaublanc monta à la tribune et prononça un discours qui fut vivement applaudi dans l'assemblée dont il exprimait fidèlement les sentimens.

« Messieurs, dit l'orateur, vous avez signalé l'achèvement du Code civil des Français par un acte d'admiration et de reconnaissance : vous avez décerné une statue au prince illustre dont la volonté ferme et constante a fait achever ce grand ouvrage, en même temps que sa vaste intelligence a répandu la plus vive lumière sur cette noble partie des institutions humaines. Premier consul alors, empereur des Français aujourd'hui, il paraît dans le temple des lois, la tête ornée de cette couronne triomphale dont la victoire l'a ceint si souvent en lui présageant le bandeau des rois, et couvert du manteau impérial, le noble attribut de la première des dignités parmi les hommes.

» Sans doute, dans ce jour solennel, en présence des princes et des grands de l'état, devant la personne auguste que l'empire désigne par son penchant à faire le bien, plus encore que par le haut rang dont cette vertu la rendait si digne, dans cette fête de la gloire où nous voudrions pouvoir réunir tous les Français, vous permettrez à ma faible voix de s'élever un instant, et de vous rappeler par quelles actions immortelles Napoléon s'est ouvert cette immense carrière de puissance et d'honneur. Si la louange corrompt les âmes faibles, elle est l'aliment des grandes âmes. Les belles actions des héros sont un engagement qu'ils prennent envers la patrie. Les rappeler, c'est leur dire qu'on attend d'eux encore ces grandes pensées, ces généreux sentimens, ces faits glorieux, si noblement récom-

pensés p ar l'admiration et la reconnaissancepublique. . . . .
. . . .

» Victorieux dans trois parties du monde, pacificateur de l'Europe, législateur de la France, des trônes donnés, des provinces ajoutées à l'empire, est-ce assez de tant de gloire pour mériter à la fois et ce titre auguste d'empereur des Français, et ce monument érigé dans le temple des lois ? Eh bien, je veux effacer moi-même ces brillans souvenirs que je viens de retracer. D'une voix plus forte que celle qui retentissait pour sa louange, je veux vous dire : cette gloire du législateur, cette gloire du guerrier, anéantissez-la par la pensée et dites-vous : avant le 18 brumaire, quand des lois funestes étaient promulguées, quand les principes destructeurs, proclamés de nouveau, entraînaient déjà les choses et les hommes avec une rapidité que bientôt rien ne pourrait arrêter, quel fut celui qui parut tout à coup comme un astre bienfaisant, qui vint abroger ces lois, qui combla l'abîme entr'ouvert ? Vous vivez, vous tous, menacés par le malheur des temps, vous vivez et vous le devez à celui dont vous voyez l'image. Vous accourez, infortunés proscrits, vous respirez l'air si doux de votre patrie, vous embrassez vos pères, vos enfans, vos épouses, vos amis, vous le devez à celui dont vous voyez l'image. Il n'est plus question de sa gloire, je ne l'atteste plus; j'invoque l'humanité d'un côté, la reconnaissance de l'autre; je vous demande à qui vous devez un bonheur si grand, si extraordinaire, si imprévu....... Vous répondez tous avec moi : c'est au grand homme dont vous voyez l'image. »

Le président répéta à son tour un éloge semblable, dans des termes à peine différens. Il était peu de personnes alors qui songeassent à trouver ces louanges exagérées; leur opinion a peut-être changé depuis.

Après la cérémonie, l'impératrice, conduite par le président, passa dans la salle des conférences, où le couvert de Sa Majesté avait été servi sous un dais magnifique en soie cramoisie. Des tables composant près de trois cents couverts, et servies par le restaurateur Robert, avaient été dressées dans les différentes salles du palais; au dîner succéda un bal brillant. Ce qu'il y avait de plus remarquable dans cette fête était un luxe inimaginable de fleurs et d'arbustes, que sans doute on n'avait pu rassembler qu'à grands frais, vu la rigueur de l'hiver. Les salles de *Lucrèce* et de *la Réunion*, où se formaient les quadrilles des danseurs, étaient comme un immense parterre de lauriers-roses, de lilas, de jonquilles, de lis et de jasmins.

CHAPITRE VI.

Mon mariage avec mademoiselle Charvet. — Présentation de ma femme à madame Bonaparte. — Le général Bonaparte ouvrant les lettres adressées à son courrier. — Le général Bonaparte veut voir M. et madame Charvet. — M. Charvet suit madame Bonaparte à Plombières. — Établissement de M. Charvet et de sa famille à la Malmaison.—Madame Charvet, secrétaire intime de madame Bonaparte.'—Mesdemoiselles Louise et Zoé Charvet, favorites de Joséphine.— Fantasmagorie à la Malmaison. — Jeux de Bonaparte et des dames de la Malmaison. — M. Charvet quitte la maison pour le château de Saint-Cloud. — Les anciens porteurs et frotteurs de la reine sont déplacés. — Incendie du château et mort de madame Charvet. — L'impératrice veut voir mademoiselle Charvet. — Elle veut lui servir de mère et lui donner un mari. — L'impérairice se plaint à M. Charvet de ne pas voir ses filles.— On promet une dot à ma femme.—Argent dissipé et manque de mémoire de l'impératrice Joséphine. — L'impératrice marie ma belle-sœur. — Recommandation bienveillante de l'impératrice.—Ma belle-sœur, mademoiselle Joséphine Tallien et mademoiselle Clémence Cabarus. — Madame Vigogne et les protégées de l'impéra-

trice. — La jeune pensionnaire et le danger d'être brûlée. —
Présence d'esprit de madame Vigogne. — Visite à l'impératrice.

———

Ce fut le 2 janvier 1805, justement un mois
après le couronnement, que je formai, avec la fille
aînée de M. Charvet, une union qui a fait jusqu'ici,
et fera, j'espère, jusqu'à la fin, le bonheur de ma
vie. J'ai promis au lecteur de lui parler fort
peu de moi; et en effet de quel intérêt pourraient
être pour lui les détails de ma vie privée qui ne se
rapporteraient point au grand homme en vue duquel j'ai entrepris d'écrire mes Mémoires? Toutefois je demanderai ici la permission de revenir un
peu sur cette époque la plus intéressante de toutes
pour moi, et qui a décidé du reste de mon exis-
tence. Il n'est pas défendu sans doute à un homme
qui recherche et retrace ses *souvenirs* de compter
pour quelque chose ceux qui se rapportent le plus
particulièrement à lui. D'ailleurs même dans les événemens les plus personnels de ma vie, il y a encore des circonstances auxquelles Leurs Majestés
ne restèrent point étrangères, et que par consé-

quent il importe de connaître , si l'on veut se former un jugement complet sur le caractère de l'empereur et de l'impératrice.

La mère de ma femme avait été présentée à
madame Bonaparte pendant la première campagne
d'Italie, et elle lui avait plu; car madame Bonaparte,
qui était si parfaitement bonne et qui de son côté
avait aussi connu le malheur, savait compatir aux
peines des autres. Elle promit d'intéresser le général au sort de mon beau-père, qui venait de
perdre une place à la trésorerie. Pendant ce temps
madame Charvet était en correspondance avec un
ami de son mari, qui était, je crois, courrier du
général Bonaparte. Celui-ci ouvrit et lut les lettres
adressées à son courrier, et il demanda quelle était
cette jeune femme qui écrivait avec tant d'esprit
et de raison. En effet madame Charvet était bien
digne de ce double éloge. L'ami de mon beau-père
prit texte de cette question du général en chef
pour lui raconter les malheurs de la famille. Le
général dit qu'à son retour à Paris il voulait voir
M. et madame Charvet. En conséquence ils lui furent présentés, et madame Bonaparte se réjouit
d'apprendre que ses protégés étaient aussi devenus ceux de son époux. Il fut décidé que M. Charvet
suivrait le général en Egypte. Mais arrivée à Toulon, madame Bonaparte demanda que mon beau-

père l'accompagnât aux eaux de Plombières. J'ai raconté précédemment l'accident arrivé à Plombières, et la mission de M. Charvet envoyé à Saint-Germain, pour retirer mademoiselle Hortense de pension et la conduire à sa mère. De retour à Paris, M. Charvet en courut tous les environs, pour trouver une maison de campagne que le général avait chargé sa femme d'acheter en son absence. Quand madame Bonaparte se fut décidée pour la Malmaison, M. Charvet, sa femme et leurs trois enfans furent installés dans cette charmante résidence. Mon beau-père donna tous ses soins aux intérêts de la bienfaitrice de sa famille, et madame Charvet servait souvent de secrétaire intime à madame Bonaparte, pour sa correspondance.

Mademoiselle Louise, qui est devenue ma femme, et mademoiselle Zoé, sa sœur puînée, étaient les favorites de madame Bonaparte; surtout la seconde, qui passait plus de temps que Louise à la Malmaison. Les bontés de leur noble protectrice avaient rendu cette enfant si familière qu'elle tutoyait habituellement madame Bonaparte, à qui elle dit un jour : « Tu es bien heureuse, toi. Tu n'as pas de maman qui te gronde, quand tu déchires tes robes. »

Pendant une des campagnes que j'ai faites à la suite de l'empereur, j'écrivis un jour à ma femme pour lui demander quelques détails sur la vie qu'elle et sa sœur menaient à la Malmaison. Elle me répondit, entres autres choses (je transcris un passage de sa réponse): « Nous avions quelquefois » des rôles dans des bouffonneries que je ne puis » concevoir. Un soir le salon fut séparé en deux » par une gaze derrière laquelle était un lit drapé » à la grecque, et sur le lit un homme endormi et » vêtu de grandes draperies blanches. Auprès du » dormeur, madame Bonaparte et d'autres dames » frappaient en mesure (et encore pas toujours) » sur des vases de bronze; ce qui faisait une ter- » rible musique. Pendant ce charivari, un de ces » messieurs me tenait par le milieu du corps, éle- » vée de terre, et je remuais mes bras et mes » jambes en cadence. Le concert de ces dames ré- » veillait le dormeur, qui ouvrait de grands yeux » sur moi et semblait s'effrayer de mes gestes. Il » se levait, et s'éloignait d'un pas rapide, suivi de » mon frère qui marchait à quatre pates, pour » figurer, je pense, un chien que devait avoir cet » étrange personnage. Comme j'étais alors tout en- » fant, je n'ai qu'une idée confuse de tout cela; » mais la société de madame Bonaparte avait l'air » de s'en amuser beaucoup. »

Quand le premier consul alla habiter Saint-Cloud, il dit à mon beau-père des choses flatteuses,

et lui donna la conciergerie du château. C'était
une place de confiance, et dont les détails et la responsabilité étaient considérables. M. Charvet fut
chargé d'y organiser le service, et, par ordre du
premier consul, il choisit parmi les anciens serviteurs de la reine pour les places de portiers, de
frotteurs et de garçons de château. Ceux qui ne
pouvaient pas servir eurent des pensions.

Quand le feu prit au château, en 1802, comme
je l'ai raconté précédemment, madame Charvet,
qui était grosse de plusieurs mois, eut une grande
frayeur. On ne jugea pas à propos de la saigner.
Elle fit une couche malheureuse, et mourut avant
l'âge de trente ans. Louise était en pension depuis
quelques années; son père la rappela près de lui
pour tenir sa maison. Elle avait alors douze ans.
Une de ses amies a bien voulu me donner communication d'une lettre que Louise lui adressa peu
de temps après notre mariage, et dont j'ai fait l'ex-
trait qui suit :

« A mon retour de ma pension, j'allai voir sa
» majesté l'impératrice (alors madame Bonaparte)
» aux Tuileries. J'étais en grand deuil. Elle m'attira
» sur ses genoux, me consola, dit qu'elle me ser-
» virait de mère et me trouverait un mari. Je pleu-
» rais, et je dis que je ne voulais pas me marier.

» — *Non pas à présent*, reprit Sa Majesté; *mais*
» *cela te viendra, sois-en sûre.* Je n'étais pourtant
» pas persuadée que cette envie dût me venir. Je
» reçus encore quelques caresses, et me retirai.
» Quand le premier consul était à Saint-Cloud,
» c'était chez mon père que se réunissaient tous
» les chefs des différens services. Car mon père
» est très-aimé de la maison, dont il est le plus an-
» cien. M. Constant, qui m'avait vue enfant à la
» Malmaison, me trouva assez raisonnable à Saint-
» Cloud pour me demander à mon père, avec l'ap-
» probation de Leurs Majestés. Il fut décidé que
» nous serions mariés après le couronnement. J'ai
» pris quatorze ans, quinze jours après notre ma-
» riage.

» Nous sommes toujours reçues, ma sœur et
» moi, par sa majesté l'impératrice avec une ex-
» trême bonté; et quand, dans la crainte de l'im-
» portuner, nous sommes quelque temps sans
» aller la voir, elle s'en plaint à mon père. Elle
» nous admet à sa toilette du matin. On la lace,
» on l'habille devant nous. Il n'y a dans sa cham-
» bre que ses femmes et quelques personnes de la
» maison, qui, comme nous, mettent au nombre
» de leurs plus doux momens ceux où elles peuvent
» voir cette princesse adorée. La causerie est pres-
» que toujours pleine de charme. Sa Majesté conte

» quelquefois des anecdotes qu'un mot d'une de
» nous deux lui rappelle. »

Sa majesté l'impératrice avait promis une dot à
Louise; mais l'argent qu'elle avait destiné à cela
avait été dépensé autrement, et ma femme n'eut
que quelques petits bijoux, et deux ou trois pièces
d'étoffe. M. Charvet était trop délicat pour rappeler à Sa Majesté sa promesse : or on n'avait rien
d'elle sans cela; car elle ne savait pas plus écono-
miser que refuser. L'empereur me demanda, peu de
temps après mon mariage, ce que l'impératrice
avait donné à ma femme; et sur ma réponse, il
me parut on ne peut plus mécontent : sans doute
parce que la somme qu'on lui avait demandée pour
la dot de Louise avait reçu une autre destination.
Sa majesté l'empereur eut à ce sujet la bonté de
m'assurer que ce serait lui qui désormais s'occu-
perait de ma fortune, qu'il était content de mes
services, et qu'il me le prouverait.

J'ai dit plus haut que la sœur puînée de ma
femme était la favorite de sa majesté l'impératrice.
Cependant elle n'en reçut pas, en se mariant, une
plus riche dot que celle de Louise. Mais l'impératrice voulut voir le mari de ma belle-sœur, et lui
dit avec un accent vraiment maternel : « Monsieur,
» je vous recommande ma fille, et vous prie de la
» rendre heureuse. Elle le mérite, et je vous en

» voudrais beaucoup, si vous ne saviez pas l'appré-
» cier. » Quand ma belle-sœur, se sauvant de Com-
piègne avec sa belle-mère en 1814, alla faire ses
couches à Evreux, l'impératrice, qui l'apprit, lui
envoya son premier valet de chambre avec tout ce
qu'elle crut nécessaire à une jeune femme en cet
état. Elle lui fit même faire des reproches de n'être
pas descendue à Navarre.

Ma belle-sœur avait été élevée dans la même
pension que mademoiselle Josephine Tallien, fil-
leule de l'impératrice, et qui depuis a épousé
M. Pelet de la Lozère, et une autre fille de madame Tallien, mademoiselle Clémence Cabarus.
La pension était dirigée par madame Vigogne,
veuve du colonel de ce nom, et ancienne amie de
l'impératrice, qui l'avait engagée à prendre un pen-
sionnat, en lui promettant de lui procurer le plus
d'élèves qu'elle pourrait. L'institution prospéra
sous la direction de cette dame, qui était d'un
esprit distingué et d'un ton parfait. Souvent elle
amenait chez Sa Majesté l'impératrice les protégées de celle-ci, et les jeunes personnes qui avaient
mérité cette récompense. C'était un moyen puissant d'exciter l'émulation de ces enfans que Sa Majesté comblait de caresses, et à qui elle faisait de
petits présens. Un matin, que madame Vigogne était
habillée pour aller chez l'impératrice, comme elle

descendait son escalier pour monter en voiture, elle entendit des cris perçans dans une des classes. Elle s'y précipite, et voit une jeune fille dont les vêtemens étaient tout en flammes. Avec une présence d'esprit digne d'une mère, madame Vigogne enveloppe aussitôt l'enfant dans la longue queue de sa robe traînante, et le feu s'éteignit. Mais la courageuse institutrice eût les mains cruellement brûlées. Elle vint en cet état faire sa visite à sa majesté l'impératrice, et lui conta le fâcheux accident qui l'y avait mise. Sa Majesté, qui était si facilement émue de tout ce qui était beau et généreux, combla d'éloges son courage, et s'en montra touchée au point de pleurer d'admiration. Un des médecins de Sa Majesté fut chargé de donner les premiers soins à madame Vigogne et à sa jeune élève.

●●

CHAPITRE VII.

tails sur une première fille de M. de Beauharnais, premier mari de Joséphine. — L'impératrice lui fait épouser un préfet de l'empire. — Tendresse de l'impératrice pour Eugène et Hortense. — Détails sur la vice-reine (Auguste-Amélie de Bavière.) — Le portrait de famille. — L'impératrice me fait appeler pour voir ce portrait. — Amour de Joséphine pour ses petits-enfans. — Un mot sur le divorce. — Lettre du prince Eugène à sa femme. — Mes voyages à la Malmaison après le divorce. — Commissions de l'empereur pour l'impératrice Joséphine. — Mes adieux à l'impératrice. — Recommandations de cette princesse. — L'impératrice désire voir l'empereur. — Visite à Joséphine avant la campagne de Russie. — Visite à l'impératrice après cette campagne. — Lettres dont je suis chargé. — Conversation avec l'impératrice. — Ma femme va voir l'impératrice et lui montre mes lettres. — Détails sur le budget de l'impératrice après le divorce. — Conseil présidé par l'impératrice en robe de toile. — L'impératrice trompée par les marchands. — Politesse de l'impératrice. — Manière dont Joséphine punissait ses dames. — Magasin d'objets précieux appartenant à l'impératrice. — Partage entre ses enfans et les frères et sœurs de l'empereur. — M. Denon. — Le cabinet d'antiques de la Malmaison. — M. Denon et la collection de médailles de l'impératrice. — Visite de l'impératrice à l'empereur pendant que je faisais sa toilette. — Le maillot et la pétition. — L'orpheline sauvée de la Seine. — M. Fabien Pillet et sa femme chez l'impératrice. — Scène touchante.

L'impératrice Joséphine était d'une taille moyenne, modelée avec une rare perfection :

elle avait dans les mouvemens une souplesse, une légèreté, qui donnaient à sa démarche quelque chose d'aérien, sans exclure néanmoins la majesté d'une souveraine. Sa physionomie expressive suivait toutes les impressions de son âme, sans jamais perdre de la douceur charmante qui en faisait le fond. Dans le plaisir comme dans la douleur, elle était belle à regarder : on souriait malgré soi en la voyant sourire..... Si elle était triste, on l'était aussi. Jamais femme ne justifia mieux qu'elle cette expression, que *les yeux sont le miroir de l'âme.* Les siens, d'un bleu foncé, étaient presque toujours à demi fermés par ses longues paupières, légèrement arquées, et bordées des plus beaux cils du monde; et quand elle regardait ainsi, on se sentait entraîné vers elle par une puissance irrésistible. Il eût été difficile à l'impératrice de donner de la sévérité à ce séduisant regard ; mais elle pouvait, et savait au besoin, le rendre imposant. Ses cheveux étaient fort beaux, longs et soyeux ; leur teint châtain clair se mariait admirablement à celui de sa peau, éblouissante de finesse et de fraîcheur. Au commencement de sa suprême puissance, l'impératrice aimait encore à se coiffer le matin avec un madras rouge, qui lui donnait l'air de créole le plus piquant à voir.

Mais ce qui, plus que tout le reste, contribuait

au charme dont l'impératrice était entourée,
c'était le son ravissant de sa voix. Que de fois il est
arrivé à moi, comme à bien d'autres, de nous arrêter tout d'un coup en entendant cette voix,
uniquement pour jouir du plaisir de l'entendre! On ne pouvait peut-être pas dire que l'impératrice était une belle femme; mais sa figure,
toute pleine de sentiment et de bonté, mais la
grâce angélique répandue sur toute sa personne,
en faisaient la femme la plus attrayante.

Pendant son séjour à Saint-Cloud, sa majesté
l'impératrice se levait habituellement à neuf heures,
et faisait sa première toilette, qui durait jusqu'à
dix heures; alors elle passait dans un salon où se
trouvaient réunies les personnes qui avaient sollicité et obtenu la faveur d'une audience. Quelquefois aussi à cette heure, et dans ce même salon,
Sa Majesté recevait ses fournisseurs. A onze heures,
lorsque l'empereur était absent, elle déjeunait avec
sa première dame d'honneur et quelques autres
dames. Madame de La Rochefoucault, première
dame d'honneur de l'impératrice, était bossue et
tellement petite, qu'il fallait, lorsqu'elle se mettait
à table, ajouter au coussin de sa chaise meublante
un autre coussin fort épais, en satin violet. Madame de La Rochefoucault savait racheter ses dif-
formités physiques par son esprit, vif, brillant,

mais un peu caustique, par le meilleur ton et les manières de cour les plus exquises.

Après le déjeuner, l'impératrice faisait une partie de billard; ou bien, lorsque le temps était beau, elle se promenait à pied dans les jardins ou dans le parc fermé. Cette récréation durait fort peu de temps, et Sa Majesté, rentrée bientôt dans ses appartemens, s'occupait à broder au métier, en causant avec ses dames, qui travaillaient, comme elle, à quelque ouvrage d'aiguille. Quand il arrivait qu'on n'était pas dérangé par des visites, entre deux et trois heures après midi, l'impératrice faisait en calèche découverte une promenade, au retour de laquelle avait lieu la grande toilette. Quelquefois l'empereur y assistait.

De temps en temps aussi, l'empereur venait surprendre Sa Majesté au salon. On était sûr alors de le trouver amusant, aimable et gai.

A six heures, le dîner était servi; mais le plus souvent l'empereur l'oubliait et le retardait indéfiniment. Il y a plus d'un exemple de dîners mangés ainsi à neuf et dix heures du soir. Leurs Majestés dînaient ensemble, seules ou en compagnie de quelques invités, princes de la famille impériale, ou ministres. Qu'il y eût concert, réception ou spectacle, à minuit tout le monde se retirait; alors l'impératrice, qui aimait beaucoup les longues veillées, jouait au trictrac avec un de messieurs les chambellans. Le plus ordinairement, c'était M. le comte de Beaumont qui avait cet honneur.

Les jours de chasse, l'impératrice et ses dames suivaient en calèche. Il y avait un costume pour cela. C'était une espèce d'amazone, de couleur verte, avec une toque ornée de plumes blanches. Toutes les dames qui suivaient la chasse dînaient avec Leurs Majestés.

Quand l'impératrice venait passer la nuit dans l'appartement de l'empereur, j'entrais le matin, comme de coutume, entre sept et huit heures ; il était rare que je ne trouvasse point les augustes époux éveillés. L'empereur me demandait ordinairement du thé, ou une infusion de fleurs d'oranger, et se levait aussitôt. L'impératrice lui disait en souriant : « Tu te lèves déjà ? reste encore un peu.—Eh bien, » tu ne dors pas ? » répondait Sa Majesté ; alors, il la roulait dans sa couverture, lui donnait de petites tapes sur les joues et sur les épaules, en riant et l'embrassant.

Au bout de quelques minutes, l'impératrice se levait à son tour, passait une robe du matin, et lisait les journaux, ou descendait par le petit escalier de communication pour se rendre dans son appartement. Jamais elle ne quittait celui de Sa Majesté sans m'avoir adressé quelques mots qui témoignaient toujours la bonté, la bienveillance la plus touchante.

Élégante et simple dans sa mise, l'impératrice se soumettait avec regret à la nécessité des toilettes d'apparat; les bijoux seulement étaient fort de son goût; elle les avait toujours aimés; aussi l'empereur lui en donnait souvent et en grande quantité. C'était un bonheur pour elle de s'en parer, et encore plus de les montrer.

Un matin que ma femme était allée la voir à sa toilette, Sa Majesté lui conta que, nouvellement mariée à M. de Beauharnais, et enchantée des parures dont il lui avait fait présent, elle les emportait dans ses poches (on sait que les poches faisaient alors partie essentielle de l'habillement des femmes), et les montrait à ses jeunes amies. Comme l'impératrice parlait de ses poches, elle donna ordre à une de ses dames d'en aller chercher une paire pour les montrer à ma femme. La dame à laquelle s'adressait l'impératrice eut beaucoup de peine à réprimer une envie de rire qui la prit à cette singulière demande, et assura à Sa Majesté que rien de semblable n'existait plus dans sa lingerie. L'impératrice répondit, avec un air de regret, qu'elle en était fâchée, qu'elle aurait eu du plaisir à revoir une paire de ses anciennes poches. Les années avaient amené de grands changemens. Les joyaux de l'impératrice Joséphine n'auraient guère pu tenir dans les poches de madame de Beauharnais, quelque longues et profondes qu'elles eussent été. L'armoire aux bijoux qui avait appartenu à la reine Marie-Antoinette, et qui n'avait jamais été tout-à-fait pleine, était trop petite pour l'impératrice; et lorsqu'un jour elle voulut faire voir toutes ses parures à plusieurs dames qui en témoignaient le désir, il fallut faire dresser une grande table pour y déposer les écrins; et la table ne suffisant pas, on en couvrit plusieurs autres meubles.

Bonne à l'excès, tout le monde le sait, sensible au delà de toute expression, généreuse jusqu'à la prodigalité, l'impératrice faisait le bonheur de tout ce qui l'entourait; chérissant son époux avec une tendresse que rien n'a pu altérer, et qui était aussi vive à son dernier soupir qu'à l'époque où madame de Beauharnais et le général Bonaparte se firent l'aveu mutuel de leur amour, Joséphine fut long-temps la seule femme aimée de l'empereur, et elle méritait de l'être toujours. Pendant quelques années, combien fut touchant l'accord de ce ménage impérial! Plein d'attentions, d'égards, d'abandon pour Joséphine, l'empereur se plaisait à l'embrasser au cou, à la figure, en lui donnant des tapes et l'appelant *ma grosse bête :* tout cela ne l'empêchait pas, il est vrai, de lui faire quelques infidélités, mais sans manquer autrement à ses devoirs conjugaux. De son côté, l'impératrice l'adorait, se tourmentait pour chercher ce qui pouvait lui plaire, pour deviner ses intentions, pour aller au devant de ses moindres désirs.

Au commencement, elle donna de la jalousie à son époux : prévenu assez fortement contre elle, pendant la campagne d'Egypte, par des rapports indiscrets, l'empereur eut avec l'impératrice, à son retour, des explications qui ne se terminaient pas toujours sans cris et sans violences; mais bientôt le calme renaquit et fut depuis très-rarement troublé. L'empereur ne pouvait résister à tant d'attraits et de douceur.

L'impératrice avait une mémoire prodigieuse que l'empereur savait mettre à contribution fort souvent; elle était excellente musicienne, jouait très-bien de la harpe, et chantait avec goût. Elle avait un tact parfait, un sentiment exquis des convenances, le jugement le plus sain, le plus infaillible qu'il fût possible d'imaginer; d'une humeur toujours douce, toujours égale, aussi obligeante pour ses ennemis que pour ses amis, elle ramenait la paix partout où il y avait querelle ou discorde. Lorsque l'empereur se fâchait avec ses frères ou avec d'autres personnes, ce qui lui arrivait fréquemment, l'impératrice disait quelques mots, et tout s'arrangeait. Quand elle demandait une grâce, il était bien rare que l'empereur ne l'accordât pas, quelle que fût la gravité de la faute commise; je pourrais citer mille exemples de pardons ainsi sollicités et obtenus. Un fait qui m'est presque personnel prouvera suffisamment que l'intercession de cette bonne impératrice était toute-puissante.

Le premier valet de chambre de Sa Majesté s'était un peu échauffé à un déjeuner qu'il avait fait avec quelques amis; par la nature de son service, il était obligé d'assister aux repas, et de se tenir derrière l'impératrice pour prendre et donner des assiettes. Ce jour-là donc, animé par les vapeurs du champagne, il eut le malheur de laisser échapper quelques mots injurieux prononcés bien à demi-voix, mais que par un fâcheux hasard l'empereur entendit; Sa Majesté lança un regard foudroyant à M. Frère, qui sentit alors la gravité de sa faute, et quand on eut fini de dîner, l'ordre de renvoyer l'imprudent valet de chambre fut donné par l'empereur avec un ton qui ne laissait pas d'espoir, et ne permettait pas de réplique.

M. Frère était un excellent serviteur, un homme doux, honnête et probe. C'était la première faute de ce genre qu'on eût à lui reprocher, et par conséquent elle méritait de l'indulgence. On fit des démarches auprès de monsieur le grand maréchal qui refusa son intercession, connaissant bien l'inflexibilité de l'empereur. Plusieurs autres personnes que le pauvre disgracié alla prier de parler pour lui répondirent comme le grand maréchal; de sorte que M. Frère, au désespoir, vint nous faire ses adieux. J'osai me charger de sa cause: j'espérais qu'en choisissant le moment favorable, je parviendrais à faire revenir Sa Majesté. L'ordre de renvoi portait que M. Frère eût à quitter le palais dans les vingt-quatre heures; je lui conseillai de ne point obéir, mais de se tenir soigneusement caché dans sa chambre, ce qu'il fit. Le soir, au coucher, Sa Majesté me parla de ce qui s'était passé, témoignant beaucoup de colère; je jugeai que le silence était le meilleur parti à prendre, et j'attendis. Le lendemain, l'impératrice eut la bonté de me faire dire qu'elle assisterait à la toilette de son époux, et que si je croyais devoir aborder la question, elle me soutiendrait de tout son pouvoir. En effet, voyant l'empereur d'assez bonne humeur, je parlai de M. Frère, et peignant à Sa Majesté les regrets de ce pauvre homme, je lui exposai les raisons qui pouvaient faire excuser la légèreté de sa conduite. « Sire, dis-je, c'est un homme de bien qui n'a pas » de fortune, et qui soutient une famille nombreuse. » S'il vient à quitter le service de sa majesté l'im-

» pératrice, on ne croira pas que c'est pour une
» faute dont le vin est plus coupable que lui, et il
» sera perdu pour toujours. » A ces mots, comme
à bien d'autres prières encore, l'empereur ne répondait que par des interruptions faites avec toute
les apparences d'un éloignement prononcé pour
le pardon que je sollicitais. Heureusement l'impératrice voulut bien se joindre à moi et dire à son
époux avec sa voix si touchante et si expressive :
«Mon ami, si tu veux lui pardonner, tu me feras
» plaisir. » Enhardi par ce puissant patronage, je
recommençai mes sollicitations, auxquelles l'empereur répondit brusquement en s'adressant à
l'impératrice et à moi: « Enfin, vous le voulez? Eh
» bien, qu'il reste donc. »

M. Frère me remercia de tout son cœur; il ne
pouvait croire à la bonne nouvelle que je lui apportais. Quant à l'impératrice, elle fut heureuse de
la joie que ressentait ce fidèle serviteur, qui lui a
donné jusqu'à sa mort les marques du plus entier
dévouement. On m'a assuré qu'en 1814, lors du
départ de l'empereur pour l'île d'Elbe, M. Frère
n'aurait pas été le dernier à blâmer ma conduite,
dont il ne connaissait pas les motifs. Je ne veux
pas le croire, car il me semble qu'à sa place; si
j'avais pensé ne pouvoir défendre un ami absent,
au moins j'aurais gardé le silence.

Comme je l'ai dit, l'impératrice était extrêmement généreuse. Elle répandait beaucoup d'aumônes; elle était ingénieuse à trouver les occasions d'en répandre : beaucoup d'émigrés ne vivaient que de ses bienfaits. Elle entretenait une correspondance très-active avec les sœurs de la charité qui soignaient les malades, et leur envoyait une foule de choses. Ses valets de chambre étaient chargés d'aller partout porter au pauvre des secours de son inépuisable bienfaisance. Une foule d'autres personnes recevaient aussi chaque jour de semblables missions, et toutes ces aumônes, tous ces dons multipliés et si largement répandus, recevaient un prix inestimable de la grâce avec laquelle ils étaient offerts, du discernement avec lequel ils étaient distribués. Je pourrais citer mille exemples de cette délicate générosité.

M. de Beauharnais avait eu, au temps de son mariage avec Joséphine, une fille naturelle nommée Adèle. L'impératrice la chérissait autant que si elle eût été sa propre fille. Elle prit le plus grand soin de son éducation, la dota généreusement, et la maria avec un préfet de l'empire.

Si l'impératrice montrait autant de tendresse pour une fille qui n'était pas la sienne, il est impossible de se faire une véritable idée de son amour, de son dévouement pour la reine Hortense et le prince Eugène. Il est vrai de dire que ses enfans le lui rendaient bien, et que jamais il ne fut au monde une meilleure comme une plus heureuse mère. Elle était fière de ses deux enfans, elle en parlait toujours avec un enthousiasme qui paraîtra bien naturel à toutes les personnes qui ont connu la reine de Hollande et le vice-roi d'Italie. J'ai raconté comment, rendu orphelin dans le plus bas âge, par l'échafaud révolutionnaire, le jeune Beauharnais avait gagné le cœur du général Bonaparte en venant lui demander l'épée de son père. On sait aussi comment cette action donna au général l'envie de voir Joséphine, et ce qui résulta de cette entrevue. Lorsque madame de Beauharnais fut devenue l'épouse du général Bonaparte, Eugène entra dans la carrière militaire, et s'attacha aussitôt à la fortune de son beau-père, qui l'appela près de lui en Italie, en qualité d'aide-de-camp. Il était chef d'escadron dans les chasseurs de la garde consulaire, lorsqu'à l'immortelle bataille de Marengo, il partagea tous les dangers de celui qui avait tant de plaisir à le nommer son fils. Peu d'années après, le chef d'escadron était devenu vice-roi d'Italie, héritier présomptif de la couronne impériale, titre qu'à la vérité il ne conserva pas long-temps, et époux de la fille d'un roi.

La vice-reine (Auguste-Amélie de Bavière) était

belle et bonne comme un ange. Je me trouvais à la Malmaison un jour que l'impératrice venait de recevoir le portrait de sa belle-fille, entourée de trois ou quatre enfans, l'un sur son épaule, l'autre à ses pieds, un troisième sur les bras; tous avaient des figures angéliques. En me voyant, l'impératrice daigna m'appeler pour me faire admirer cette réunion de têtes charmantes. Je m'aperçus qu'en me parlant elle avait les larmes aux yeux : ces portraits étaient bien faits, et j'eus ocasion de voir dans la suite qu'ils étaient parfaitement ressemblans. Alors il ne fut plus question que de joujoux, de raretés à acheter pour ces chers enfans. L'impératrice allait elle-même choisir les présens qu'elle leur destinait, et les faisait emballer sous ses yeux.

Un valet de chambre du prince m'a assuré qu'à l'époque du divorce, le prince Eugène avait écrit à son épouse une lettre fort triste. Peut-être y exprimait-il quelque regret de n'être pas le fils adoptif de l'empereur. La princesse lui répondit avec tendresse; elle lui disait, entre autres choses : « Ce » n'est pas l'héritier de l'empereur que j'ai épousé » et que j'aime, c'est Eugène de Beauharnais. » Le prince lut cette phrase et quelques autres devant la personne dont je tiens le fait, et qui était émue jusqu'aux larmes. Une pareille femme méritait plus qu'un trône.

Après cet événement, si terrible pour le cœur de l'impératrice qui n'a jamais pu s'en consoler, l'excellente princesse ne quitta plus la Malmaison, excepté pour faire quelques voyages à Navarre. Chaque fois que je rentrais à Paris avec l'empereur, je n'étais pas plutôt arrivé que mon premier soin était d'aller à la Malmaison. Rarement j'étais porteur d'une lettre de l'empereur; il n'écrivait à Joséphine que dans les grandes occasions. « Dites » à l'impératrice que je me porte bien et que je dé- » sire qu'elle soit heureuse. » Voilà ce que me disait presque toujours Sa Majesté en me voyant partir. Aussitôt que j'arrivais, l'impératrice quittait tout pour me parler; souvent je restais une heure et même deux heures avec elle; pendant ce temps, il n'était question que de l'empereur; il me fallait dire tout ce qu'il avait souffert en voyage, s'il avait été triste ou gai, malade ou bien portant. Elle pleurait aux détails que je lui donnais, me faisait mille recommandations pour sa santé, pour les soins dont elle désirait que je l'entourasse; ensuite elle daignait me questionner sur moi, sur mon sort, sur la santé de ma femme, son ancienne protégée; puis elle me congédiait enfin avec une lettre pour Sa Majesté, me priant de dire à l'empereur combien elle serait heureuse s'il voulait la venir voir.

Avant le départ pour la Russie, l'impératrice, in-
quiète de cette guerre qu'elle désaprouvait complètement, redoubla encore ses recommandations.
Elle me fit présent de son portrait en me disant :
« Mon bon Constant, je compte sur vous ; si l'em-
» pereur était malade, vous m'en instruiriez, n'est-
» ce pas? ne me cachez rien, je l'aime tant ! » Certainement l'impératrice avait mille moyens de savoir
des nouvelles de Sa Majesté, mais je suis persuadé
qu'eût-elle reçu cent lettres par jour des personnes
qui entouraient l'empereur, elles les aurait lues et
relues toutes avec la même avidité.

Quand j'étais de retour à Saint-Cloud ou aux
Tuileries, l'empereur me demandait comment se
portait Joséphine et si je l'avais trouvée gaie ; il recevait avec plaisir les lettres que je lui apportais et
s'empressait de les ouvrir. Toutes les fois qu'étant
en voyage ou à la campagne à la suite de Sa Majesté, j'écrivais à ma femme, je parlais de l'empereur,
et la bonne princesse était enchantée que ma femme
lui montrât mes lettres. Toute chose enfin ayant le
plus petit rapport avec son époux intéressait l'impératrice à un degré qui prouvait bien la tendresse
unique qu'elle lui a toujours portée, après comme
avant leur séparation. Trop généreuse et incapable
de mesurer ses dépenses sur ses ressources, il arriva fort souvent que l'impératrice se vit obligée

de renvoyer ses fournisseurs les jours qu'elle avait elle-même fixés pour le paiement de leurs mémoires. Ceci vint une fois aux oreilles de l'empereur, et il y eut à ce sujet, entre les deux augustes époux, une discussion très-vive qui se termina par une décision qu'à l'avenir aucun marchand ou fournisseur ne pourrait venir au château sans une lettre de la dame d'atours ou du secrétaire des commandemens. Cette marche bien arrêtée fut suivie avec beaucoup d'exactitude jusqu'au divorce. A la suite de cette explication, l'impératrice pleura beaucoup, promit d'être plus économe; l'empereur lui pardonna, l'embrassa, et la paix fut faite. C'est, je crois, la dernière querelle de ce genre qui troubla le ménage impérial.

On m'a dit qu'après le divorce, le budget de l'impératrice ayant été dépassé, l'empereur en fit à l'intendant de la Malmaison des reproches qui vinrent naturellement à Joséphine. Cette bonne maîtresse, vivement affligée du désagrément qu'avait éprouvé son intendant, et ne sachant comment faire pour établir un ordre des choses meilleur, assembla un conseil de sa maison, qu'elle voulut présider en robe de toile sans garniture. Cette robe de toile avait été faite en grande hâte, et ne servit que cette fois. L'impératrice, que la nécessité d'un refus mettait toujours au désespoir, était continuellement assiégée de marchands qui lui assuraient avoir fait faire telle ou telle chose expressément pour son usage, la conjurant de ne pas les renvoyer, parce qu'ils ne sauraient comment et où placer leurs marchandises. L'impératrice gardait tout ce que les marchands avaient apporté : mais ensuite il fallait payer.

L'impératrice mettait toujours une extrême politesse dans ses rapports avec les personnes de sa maison; il n'arrivait jamais qu'un reproche sortît de cette bouche qui ne s'ouvrait que pour dire des choses flatteuses. Si quelqu'une de ses dames lui donnait un sujet de mécontentement, la seule punition qu'elle lui infligeait, c'était un silence absolu de sa part qui durait un, deux, trois, huit jours plus ou moins, selon la gravité de la faute. Eh bien, cette peine, si douce en apparence, était cruelle pour le plus grand nombre : l'impératrice savait si bien se faire aimer!

Au temps du consulat, madame Bonaparte recevait souvent des villes conquises par son époux, ou des personnes qui désiraient obtenir sa protection auprès du premier consul, des envois de meubles précieux, et de curiosités en tous genres, de tableaux, d'étoffes, etc. Au commencement, ces cadeaux flattaient vivement madame Bonaparte; elle prenait un plaisir d'enfant à faire ouvrir les caisses pour voir ce qui était dedans : elle aidait elle-même à déballer, à transporter toutes ces jolies choses. Mais bientôt les envois devinrent si considérables et se répétaient si souvent qu'il fallut avoir pour les déposer un appartement dont mon beau-père avait la clef. Là, les caisses restaient intactes jusqu'à ce qu'il plût à madame Bonaparte de les faire ouvrir.

Quand le premier consul décida qu'il irait demeurer à Saint-Cloud, mon beau-père dut quitter la Malmaison pour aller s'installer dans le nouveau palais dont le maître voulait qu'il surveillât l'ameublement. Avant de partir, mon beau-père rendit compte à madame Bonaparte de tout ce qu'il avait sous sa responsabilité. On fit donc, devant elle, l'ouverture des caisses qui étaient empilées dans deux chambres depuis le plancher jusqu'au plafond. Madame Bonaparte fut émerveillée de tant de richesses : ce n'était que marbres, bronzes, tableaux magnifiques. Eugène, Hortense, et les sœurs du premier consul en eurent une bonne part : le reste fut employé à décorer les appartemens de la Malmaison.

Le goût que l'impératrice avait pour les bijoux s'étendit pendant quelque temps aux curiosités antiques, aux pierres gravées, aux médailles. M. Denon flattait cette fantaisie, et finit par persuader à la bonne Joséphine qu'elle se connaissait parfaitement en antiques et qu'il lui fallait avoir à la Malmaison un cabinet, un conservateur, etc. Cette proposition, qui caressait l'amour-propre de l'impératrice, fut accueillie favorablement. On choisit l'emplacement, on prit pour conservateur M. de M...., et le nouveau cabinet s'enrichit en diminuant d'autant le riche mobilier des appartemens du château. M. Denon, qui avait donné cette idée, se chargea de faire une collection de médailles : mais ce goût, venu subitement, s'en alla comme il était venu; le cabinet fut pris pour faire un salon de compagnie, les antiques furent relégués dans l'antichambre de la salle de bain, et M. de M..., n'ayant plus rien à conserver, vivait habituellement à Paris.

A quelque temps de là, il prit fantaisie à deux dames du palais de persuader à sa majesté l'impératrice que rien ne serait plus beau ni plus digne d'elle qu'une parure de pierres antiques, grecques et romaines, assorties. Plusieurs chambellans appuyèrent l'invention, qui ne manqua pas de plaire à l'impératrice : elle aimait fort tout ce qui tendait à l'originalité. Un matin donc, comme j'habillais Sa Majesté, je vis entrer l'impératrice. Après quelques instans de conversation, « Bonaparte, dit-elle, » ces dames m'ont conseillé d'avoir une parure

» en pierres antiques; je viens te prier de dire à
» M. Denon qu'il m'en choisisse de bien belles. »
L'empereur se mit à rire aux éclats, et refusa net-
tement d'abord. Arrive le grand maréchal du palais que l'empereur informe de la requête présentée
par l'impératrice en lui demandant son avis. M. le
duc de Frioul trouva la chose fort raisonnable et
joignit ses instances à celles de l'impératrice.
« C'est une folie insigne, dit l'empereur, mais en-
» fin il faut en passer par ce que veulent les femmes.
» Duroc, allez vous-même au cabinet des antiques
» et choisissez ce qui sera nécessaire. »

Le duc de Frioul revint bientôt avec les plus
belles pierres de la collection. Le joaillier de la couronne les monta magnifiquement : mais cette parure était d'un poids énorme, et l'impératrice ne la
porta jamais.

Quand on devrait m'accuser de tomber dans
des répétitions oiseuses, je dirai que l'impératrice
saisissait avec un empressement dont rien n'approche toutes les occasions de faire du bien. Un
matin qu'elle déjeunait seule avec Sa Majesté, on
entendit tout à coup des cris d'enfant partir d'un
escalier dérobé. L'empereur devint sombre, il
fronça le sourcil et demanda brusquement ce que
cela signifiait. J'allai aux informations et je trouvai

un enfant nouveau-né soigneusement et proprement emmailloté, couché dans une espèce de barcelonnette, et le corps entouré d'un ruban auquel pendait un papier lié. Je revins dire ce que j'avais vu : « Oh! Constant, apportez-moi le berceau, » dit aussitôt l'impératrice. L'empereur s'y refusa d'abord, et témoigna sa surprise et son mécontentement de ce qu'on avait pu s'introduire ainsi jusque dans l'intérieur de ses appartemens. Là-dessus sa majesté l'impératrice lui ayant fait observer que ce ne pouvait être que quelqu'un de la maison, il se tourna vers moi et me regarda comme pour demander si c'était moi qui avais eu cette idée. Je fis un signe de tête négatif. En ce moment l'enfant s'étant mis à crier, l'empereur ne put s'empêcher de sourire tout en murmurant et en disant : « José- » phine, renvoyez donc ce marmot.» L'impératrice voulant profiter de ce retour de bonne humeur, m'envoya chercher le berceau, que je lui apportai. Elle caressa le nouveau-né, l'apaisa, et lut un papier qui était un placet des parens. Ensuite elle s'approcha de l'empereur, en l'engageant à caresser un peu l'enfant à son tour, et à pincer ses bonnes grosses joues; ce qu'il fit sans trop se faire prier : car l'empereur lui-même aimait à jouer avec les enfans. Enfin sa majesté l'impératrice, après avoir mis un rouleau de napoléons dans la barcelonette, fit porter le maillot chez le concierge du palais, pour qu'il fût rendu à ses parens.

Voici un autre trait de bonté de sa majesté l'impératrice ; j'eus le bonheur d'en être témoin, comme du précédent.

Quelques mois avant le couronnement, une petite fille de quatre ans et demi avait été retirée de la Seine, et une dame charitable, madame Fabien Pillet, s'était empressée de donner asile à la pauvre orpheline. A l'époque du sacre, l'impératrice, instruite de ce fait, désira voir cet enfant, et après l'avoir considéré quelques minutes avec attendrissement, après avoir offert avec grâce et sincérité sa protection à madame Pillet et à son mari, elle leur annonça qu'elle se chargeait du sort de la petite fille ; puis avec cette délicatesse et de ce ton affectueux qui lui étaient naturels, l'impératrice ajouta : « Votre bonne action vous a » acquis trop de droits sur la pauvre petite pour » que je vous prive d'achever vous-même votre ou- » vrage. Ainsi, je vous demande la permission de » fournir aux frais de son éducation ; mais c'est » vous qui la mettrez en pension et qui la surveil- » lerez ; je ne veux être sa bienfaitrice qu'en se- » cond. » C'était la chose du monde la plus touchante que de voir Sa Majesté, en prononçant ces paroles délicates et généreuses, passer sa main

dans les cheveux de *la pauvre petite* , comme elle
venait de l'appeler, et la baiser au front avec une
bonté de mère. M. et madame Pillet se retirèrent
on ne peut plus attendris de cette scène touchante.

CHAPITRE VIII.

Le général Junot nommé ambassadeur en Portugal. — Anecdote sur ce général. — La poudre et *la titus*. — Le grognard récalcitrant, et Junot faisant l'office de perruquier.
— Emportemens de Junot. — Junot, gouverneur de Paris,
bat les employés d'une maison de jeu. — L'empereur le réprimande dans des termes de mauvais augure. — Adresse de
Junot au pistolet.— La pipe coupée, etc. — La belle Louise,
maîtresse de Junot. — La femme de chambre de madame
Bonaparte rivale de sa maîtresse. — Indulgence de Joséphine. — Brutalité d'un jockey anglais. — NAPOLÉON, ROI
D'ITALIE. — Second voyage de Constant en Lombardie. —
Contraste entre ce voyage et le premier. — Baptême du second fils du prince Louis. — Les trois fils d'Hortense, fil-
leuls de l'empereur. — L'impératrice aimant à suivre l'empereur dans ses voyages. — Anecdote à ce sujet. — L'empereur obligé malgré lui d'emmener l'impératrice. — Joséphine à peine vêtue dans la voiture de l'empereur. — Séjour
de l'empereur à Brienne. — Mesdames de Brienne et de
Loménie. — Souvenirs d'enfance de l'empereur. — Le dîner,
wisk, etc. — Le champ de la Rothière. — L'empereur se
plaisant à dire le nom de chaque localité. — Le paysan de
Brienne et l'empereur. — La mère Marguerite. — L'empe-

LORSQUE le général Junot fut nommé ambassadeur en Portugal, je me rappelai une anecdote passablement comique et qui avait fort égayé l'empereur. Au camp de Boulogne, l'empereur avait fait mettre à l'ordre du jour que tout militaire ait à quitter la poudre et à se coiffer à la Titus. Beaucoup murmurèrent, mais tous finirent par se soumettre à l'ordre du chef, hormis un vieux grenadier appartenant au corps commandé par le général Junot. Ne pouvant se décider au sacrifice de ses cadenettes et de sa queue, ce brave jura qu'il ne s'y résignerait que dans le cas où son général voudrait bien lui-même couper la première mèche. Tous les officiers qui s'employèrent dans cette affaire ne pouvant obtenir d'autre réponse, la rapportèrent au général. « Qu'à cela ne tienne, ré- » pondit celui-ci; faites-moi venir ce drôle. » Le grenadier fut appelé, et le général Junot porta sur une tresse grasse et poudrée le premier coup de ciseaux; puis il donna vingt francs au grognard, qui s'en alla content faire achever l'opération chez le barbier du régiment.

L'empereur ayant appris cette aventure en rit de tout son cœur, et approuva fort le général Junot, à qui il fit compliment de sa condescendance.

On pourrait citer mille traits pareils de la bonté mêlée de brusquerie militaire qui caractérisait le général Junot. On en pourrait citer aussi d'une autre espèce et qui feraient moins d'honneur à sa tête. Le peu d'habitude qu'il avait de se contraindre le jetait parfois dans des emportemens dont le résultat le plus ordinaire était l'oubli de son rang et de la réserve qu'il aurait dû lui imposer. Tout le monde sait son aventure de la maison de jeu dont il déchira les cartes, bouleversa les meubles et rossa banquiers et croupiers, pour se dédommager de la perte de son argent. Le pis est qu'il était alors gouverneur de Paris. L'empereur, informé de cet esclandre, l'avait fait venir et lui avait demandé, fort en colère, s'il avait juré de vivre et de mourir fou. Cela aurait pu, dans la suite, être pris pour une prédiction, lorsque le malheureux général mourut dans des accès d'aliénation mentale. Il répondit avec peu de mesure aux réprimandes de l'empereur, et fut envoyé, peut-être pour avoir le temps de se calmer, à l'armée d'Angleterre. Ce n'était pas seulement dans les maisons de jeu que le gouverneur de Paris compromettait ainsi sa dignité. On m'a conté de lui d'autres aventures d'un genre encore plus *gai*, mais dont je dois m'interdire le récit. Le fait est que le général Junot se piquait beaucoup moins de respecter les convenances que d'être un des plus habiles tireurs au pistolet de l'armée. En se promenant dans la campagne, il lui arrivait souvent de lancer son cheval au galop, un pistolet dans chaque main, et il ne manquait jamais d'abattre en passant la tête des canards ou des poules qu'il prenait pour but de ses coups. Il coupait une petite branche d'arbre à vingt-cinq pas, et j'ai même entendu dire (je suis loin de garantir la vérité de ce fait) qu'il avait une fois, avec le consentement de la partie dont son imprudence mettait ainsi la vie en péril, coupé par le milieu du tuyau une pipe en terre, et à peine longue de trois pouces, qu'un soldat tenait entre ses dents.

Dans le premier voyage qu'avait fait madame Bonaparte en Italie pour rejoindre son mari, elle s'était arrêtée quelque temps à Milan. Elle avait alors à son service une femme de chambre nommée Louise, grande et fort belle, et qui avait des bontés bien payées pour le brave Junot. Sitôt son service fait, Louise, encore plus parée que madame Bonaparte, montait dans un élégant équipage, parcourait la ville et les promenades, et souvent éclipsait la femme du général en chef. De retour à Paris, celui-ci obligea sa femme à congédier la belle Louise, qui, abandonnée de son inconstant amant, tomba dans une grande misère. Je l'ai vue souvent depuis venir chez l'impératrice Joséphine demander des secours qui lui furent toujours accordés avec bonté. Cette jeune femme, qui avait osé rivaliser d'élégance avec madame Bonaparte, a fini, je crois, par épouser un jockei anglais, qui l'a rendue fort malheureuse, et elle est morte dans le plus misérable état.

Le premier consul de la république française, devenu *empereur des Français*, ne pouvait plus se contenter en Italie du titre de président. Aussi de nouveaux députés de la république cisalpine passèrent les monts, et réunis à Paris en consulte, ils déférèrent à Sa Majesté le titre de roi d'Italie, qu'elle accepta. Peu de jours après son acceptation l'empereur partit pour Milan, où il devait être couronné. Je retournai avec le plus grand plaisir dans ce beau pays, dont, malgré la fatigue et les dangers de la guerre, il m'était resté les plus agréables souvenirs. Maintenant les circonstances étaient bien différentes. C'était comme souverain que l'empereur allait traverser les Alpes, le Piémont et la Lombardie, dont il avait fallu, à notre premier voyage, emporter militairement chaque gorge, chaque rivière et chaque défilé. En 1800, l'escorte du premier consul était une armée; en 1805, ce fut un cortége tout pacifique de chambellans, de pages, de dames d'honneur et d'officiers du palais.

Avant son départ, l'empereur tint à Saint-Cloud, sur les fonts baptismaux, avec Madame-mère, le prince Napoléon-Louis, second fils du prince Louis, frère de Sa Majesté. Les trois fils de la reine Hortense eurent, si je ne me trompe, l'empereur pour parrain. Mais celui qu'il affectionnait le plus était l'aîné des trois, le prince Napoléon-Charles, qui est mort à cinq ans, prince royal de Hollande. Je parlerai plus tard de cet aimable enfant, dont la mort fit le désespoir de son père et de sa mère, fut un des plus grands chagrins de l'empereur, et peut être considérée comme la cause des plus graves événemens.

Après les fêtes du baptême, nous partîmes pour l'Italie. L'impératrice Joséphine était du voyage. Toutes les fois que cela se pouvait, l'empereur aimait à l'emmener avec lui. Pour elle, elle aurait voulu toujours accompagner son mari, que cela fût possible ou non. L'empereur tenait le plus souvent ses voyages fort secrets jusqu'au moment du départ, et il demandait à minuit des chevaux pour aller à Mayence, ou à Milan, comme s'il se fût agi d'une course à Saint-Cloud ou à Rambouillet.

Je ne sais dans lequel de ses voyages Sa Majesté avait décidé de ne point emmener l'impératrice Joséphine. L'empereur était moins effrayé de cette suite de dames et de femmes qui formaient la suite de Sa Majesté, que des embarras causés par les paquets et les cartons dont elles sont ordinairement accompagnées. Il voulait de plus voyager rapidement et sans faste, et épargner aux villes qui se trouveraient sur son passage un énorme surcroît de dépense.

Il ordonna donc que tout fût prêt pour le départ à une heure du matin, heure à laquelle l'impératrice était ordinairement endormie; mais en dépit de toutes les précautions, une indiscrétion avertit l'impératrice de ce qui allait se passer. L'empereur lui avait promis qu'elle l'accompagnerait dans son premier voyage. Il la trompait cependant, et il partait sans elle!... Aussitôt elle appelle ses femmes; mais impatientée de leur lenteur, Sa Majesté saute à bas du lit, passe le premier vêtement qui se trouve sous sa main, court hors de sa chambre, en pantoufles et sans bas. Pleurant comme une petite fille que l'on reconduit en pension, elle traverse les appartemens, descend les escaliers d'un pas rapide, et se jette dans les bras de l'empereur, au moment où il s'apprêtait à monter en voiture. Il était grand temps, car une minute plus tard, celui-ci était parti. Comme il arrivait presque toujours en voyant couler les pleurs de sa femme, l'empereur s'attendrit; elle s'en aperçoit, et déjà elle est blottie au fond de la voiture; mais sa majesté l'impératrice est à peine vêtue. L'empereur la couvre de sa pelisse, et avant de partir il donne lui-même l'ordre qu'au premier relais sa femme trouve tout ce qui pouvait lui être nécessaire.

L'empereur, laissant l'impératrice à Fontaine-bleau, se rendit à Brienne, où il arriva à six heures du soir. Mesdames de Brienne et de Loménie et plusieurs dames de la ville l'attendaient au bas du perron du château. Il entra au salon, et fit l'accueil le plus gracieux à toutes les personnes qui lui furent présentées. De là il passa dans les jardins, s'entretenant familièrement avec mesdames de Brienne et de Loménie, et se rappelant avec une fidélité de mémoire surprenante les moindres particularités du séjour qu'il avait fait, dans son enfance, à l'école militaire de Brienne.

Sa Majesté admit à sa table ses hôtes et quelques personnes de leur société. Elle fit après le dîner une partie de wisk avec mesdames de Brienne, de Vandeuvre et de Nolivres; et, au jeu comme à table, la conversation de l'empereur paraissait animée, pleine d'intérêt, et lui-même d'une gaîté et d'une affabilité dont tout le monde était ravi.

Sa Majesté passa la nuit au château de Brienne, et se leva de bonne heure pour aller visiter le champ de la Rothière, une de ses anciennes promenades favorites. L'empereur parcourut avec le plus grand plaisir ces lieux où s'était passée sa première jeunesse. Il les montrait avec une espèce d'orgueil, et chacun de ses mouvemens, chacune

de ses réflexions semblait dire : « Voyez d'où je
» suis parti, et où je suis arrivé. »

Sa Majesté marchait en avant des personnes qui
l'accompagnaient, et elle se plaisait à nommer la
première les divers endroits où elle se trouvait. Un
paysan, la voyant ainsi écartée de sa suite, lui cria
familièrement : « Eh! citoyen, l'empereur va-t-il
» bientôt passer? — Oui, répondit l'empereur
» lui même; prenez patience. »

L'empereur avait demandé la veille à madame
de Brienne des nouvelles de la mère Marguerite;
c'était ainsi qu'on appelait une bonne femme qui
occupait une chaumière au milieu du bois, et à
laquelle les élèves de l'école militaire avaient autrefois coutume d'aller faire de fréquentes visites.
Sa Majesté n'avait point oublié ce nom, et elle
apprit avec autant de joie que de surprise que
celle qui le portait vivait encore. L'empereur, en
continuant sa promenade du matin, galopa jusqu'à la
porte de la chaumière, descendit de cheval, et entra
chez la bonne paysanne. La vue de celle-ci avait
été affaiblie par l'âge; et d'ailleurs l'empereur avait
tellement changé, depuis qu'elle ne l'avait vu, qu'il
lui eût été, même avec de bons yeux, difficile de
le reconnaître. « Bonjour, la mère Marguerite, dit
» Sa Majesté en saluant la vieille; vous n'êtes donc
» pas curieuse de voir l'empereur? — Si fait, mon

» bon monsieur; j'en serais bien curieuse; et si
» bien que voilà un petit panier d'œufs frais que
» je vas porter à Madame; et puis je resterai au
» château pour tâcher d'apercevoir l'empereur. Ça
» n'est pas l'embarras, je ne le verrai pas si bien
» aujourd'hui qu'autrefois, quand il venait avec
» ses camarades boire du lait chez la mère Mar-
» guerite. Il n'était pas empereur dans ce temps-
» là; mais c'est égal: il faisait marcher les autres;
» dame ! fallait voir. Le lait, les œufs, le pain bis,
» les terrines cassées, il avait soin de me faire tout
» payer, et il commençait lui-même par payer son
» écot. — Comment! mère Marguerite, reprit en
» souriant Sa Majesté, vous n'avez pas oublié Bo-
» naparte ? — Oublié ! mon bon monsieur ; vous
» croyez qu'on oublie un jeune homme comme
» ça, qui était sage, sérieux, et même quelquefois
» triste, mais toujours bon pour les pauvres
» gens. Je ne suis qu'une paysanne; mais j'aurais
» prédit que ce jeune homme-là ferait son chemin.
» — Il ne l'a pas trop mal fait, n'est-ce pas ? —
» Ah dame! non. »

Pendant ce court dialogue, l'empereur avait
d'abord tourné le dos à la porte, et par conséquent au jour, qui ne pouvait pénétrer que par là
dans la chaumière. Mais peu à peu Sa Majesté
s'était rapprochée de la bonne femme, et lorsqu'il

fut tout près d'elle, l'empereur, dont le visage se trouvait alors éclairé par la lumière du dehors, se mit à se frotter les mains, et à dire, en tâchant de se rappeler le ton et les manières qu'il avait eues dans sa première jeunesse, lorsqu'il venait chez la paysanne : « Allons, la mère Marguerite! du lait, » des œufs frais ; nous mourons de faim. » La bonne vieille parut chercher à rassembler ses souvenirs, et elle se mit à considérer l'empereur avec une grande attention. « — Oh bien ! la mère, » vous étiez si sûre tout-à-l'heure de reconnaître » Bonaparte? nous sommes de vieilles connais- » sances, nous deux. » La paysanne, pendant que l'empereur lui adressait ces derniers mots, était tombée à ses pieds. Il la releva avec la bonté la plus touchante, et lui dit : « En vérité, mère Mar- » guerite, j'ai un appétit d'écolier. N'avez-vous » rien à me donner ? » La bonne femme, que son bonheur mettait hors d'elle-même, servit à Sa Majesté des œufs et du lait. Son repas fini, Sa Majesté donna à sa vieille hôtesse une bourse pleine d'or, en lui disant : « Vous savez, mère Mar- » guerite, que j'aime qu'on paie son écot. Adieu, » je ne vous oublierai pas. » Et, tandis que l'empereur remontait à cheval, la bonne vieille, sur le seuil de sa porte, lui promettait, en pleurant de joie, de prier le bon Dieu pour lui.

A son lever, Sa Majesté s'était entretenue avec quelqu'un de la possibilité de retrouver d'anciennes connaissances, et on lui avait raconté un trait du général Junot qui l'avait beaucoup diverti. Le général se trouvant à son retour d'Egypte à Montbard, où il avait passé plusieurs années de son enfance, avait recherché avec le plus grand soin ses camarades de pension et d'espiégleries, et il en avait retrouvé plusieurs avec lesquels il avait gaîment et familièrement causé de ses premières fredaines et de ses tours d'écolier. Ensuite, ils étaient allés ensemble revoir les différentes localités, dont chacune réveillait en eux quelque souvenir de leur jeunesse. Sur la place publique de la ville, le général aperçoit un bon vieillard qui se promenait magistralement, sa grande canne à la main. Aussitôt il court à lui, se jette à son cou et l'embrasse à l'étouffer à plusieurs reprises. Le promeneur se dégageant à grand'peine de ses chaudes accolades, regarde le général Junot d'un air ébahi, et ne sait à quoi attribuer une tendresse si expressive de la part d'un militaire portant l'uniforme d'officier supérieur, et toutes les marques d'un rang élevé. « Comment, s'écrie celui-ci, vous ne me reconnaissez pas? — Citoyen général, je vous prie de m'excuser, mais je n'ai aucune idée... — Eh! morbleu, mon cher maître, vous avez oublié le plus paresseux, le plus libertin, le plus indisciplinable de vos écoliers. — Mille pardons, seriez-vous M. Junot?—Lui-même, » répond le général en renouvelant ses embrassades et en riant avec ses amis des singulières enseignes auxquelles il s'était fait reconnaître. Pour sa majesté l'empereur, si la mémoire eût manqué à quelqu'un de ses anciens maîtres, ce n'est point sur un signalement de ce genre qu'il aurait été reconnu, car tout le monde sait qu'il s'était distingué à l'École militaire par son assiduité au travail, et par la régularité et le sérieux de sa conduite.

Une rencontre du même genre, sauf la différence des souvenirs, attendait l'empereur àBrienne. Pendant qu'il visitait l'ancienne école militaire tombée en ruines, et désignait aux personnes qui l'entouraient l'emplacement des salles d'étude, des dortoirs, des réfectoires, etc., on lui présenta un ecclésiastique qui avait été sous-préfet d'une des classes de l'école. L'empereur le reconnut aussitôt, et jeta une exclamation de surprise. Sa Majesté s'entretint plus de vingt minutes avec ce monsieur, et le laissa pénétré de reconnaissance.

L'empereur, avant de quitter Brienne pour retourner à Fontainebleau, se fit remettre par le maire une note des besoins les plus pressans de la commune, et il laissa, à son départ, une somme considérable pour les pauvres et pour les hôpitaux.

En passant par Troyes, l'empereur y laissa, comme partout ailleurs, des marques de sa générosité. La veuve d'un officier général, retirée à Joinville (je regrette d'avoir oublié le nom de cette vénérable dame qui était plus qu'octogénaire), vint à Troyes, malgré son grand âge, pour demander des secours à Sa Majesté. Son mari n'ayant servi qu'avant la révolution, la pension de retraite dont elle avait joui lui avait été retirée sous la république, et elle se trouvait dans le plus grand dénuement. Le frère du général Vouittemont, maire d'une commune des environs de Troyes, eut la bonté de me consulter sur ce qu'il y avait à faire pour introduire cette dame jusqu'auprès de l'empereur, et je lui conseillai de la faire inscrire sur la liste des audiences particulières de Sa Majesté. Je pris moi-même la liberté de parler de madame de *** à l'empereur, et l'audience fut accordée. Je ne prétends point m'en attribuer le mérite; car en voyage, Sa Majesté était facilement accessible.

Lorsque la bonne dame vint à son audience, avec M. de Vouittemont, à qui son écharpe municipale donnait les entrées, je me trouvai sur leur passage. Elle m'arrêta pour me remercier du très-petit service qu'elle prétendait que je lui avais rendu, et me raconta qu'elle avait été obligée de mettre en gage les six couverts d'argent qui lui restaient, pour fournir aux frais de son voyage; qu'arrivée à Troyes dans une mauvaise carriole de ferme, recouverte d'une toile jetée sur des cerceaux, et qui l'avait mortellement secouée, elle n'avait pu trouver de place dans les auberges, toutes encombrées, à cause du séjour de Leurs Majestés, et qu'elle aurait été obligée de coucher dans sa carriole, sans l'obligeance de M. de Vouittemont, qui lui avait cédé sa chambre et offert ses services. En dépit de ses quatre-vingts ans passés, et de sa détresse, cette respectable dame contait son histoire avec un air de douce gaîté, et en finissant elle jeta un regard reconnaissant à son guide, sur le bras duquel elle s'appuyait.

En ce moment l'huissier vint l'avertir que son tour était venu, et elle entra dans le salon d'audience. M. de Vouittemont l'attendit en causant avec moi. Lorsqu'elle revint, elle nous raconta, en ayant grande peine à contenir son émotion, que l'empereur avait pris avec bonté le mémoire qu'elle lui avait présenté, l'avait lu avec attention, et remis à l'instant à un ministre qui se trouvait près de lui, en lui recommandant d'y faire droit dans la journée.

Le lendemain elle reçut le brevet d'une pension

de trois mille francs, dont la première année lui fut payée ce jour-là même.

A Lyon, dont le cardinal Fesch était archevêque, l'empereur logea au palais de l'archevêché.

Pendant le séjour de Leurs Majestés, le cardinal se donna beaucoup de mouvement pour que son neveu eût sur-le-champ tout ce qu'il pouvait désirer. Dans son ardeur de plaire, Monseigneur s'adressait à moi plusieurs fois par jour, pour être assuré qu'il ne manquait rien. Aussi tout alla-t-il bien, et même très-bien. L'empressement du cardinal fut remarqué de toutes les personnes de la maison. Pour moi, je crus m'apercevoir que le zèle déployé par Monseigneur pour la réception de Leurs Majestés prit une nouvelle force lorsqu'il fut question d'acquitter toutes les dépenses occasionées par leur séjour, et qui furent considérables. Son Éminence retira, je pense, de forts beaux intérêts de l'avance de ses fonds, et sa *généreuse* hospitalité fut largement indemnisée par la générosité de ses hôtes.

Le passage du mont Cenis ne fut pas à beaucoup près aussi pénible que l'avait été celui du mont Saint-Bernard. Cependant la route que l'empereur a fait exécuter n'était pas encore commencée. Au pied de la montagne, on fut obligé de démonter pièce à pièce les voitures et d'en transporter les parties à dos de mulet. Leurs Majestés franchirent le mont, partie à pied, partie dans des chaises à porteur de la plus grande beauté, qui avaient été préparées à Turin. Celle de l'empereur était garnie en satin cramoisi et ornée de franges et galons d'or; celle de l'impératrice, en satin bleu avec franges et galons d'argent; la neige avait été soigneusement balayée et enlevée. Arrivées au couvent, elles furent reçues avec beaucoup d'empressement par les bons religieux. L'empereur, qui les affectionnait singulièrement, s'entretint avec eux, et ne partit point sans leur laisser de nombreuses et riches marques de sa munificence. A peine arrivé à Turin, il rendit un décret relatif à l'amélioration de leur hospice, et il a continué de les soutenir jusqu'à sa déchéance.

Leurs Majestés s'arrêtèrent quelques jours à Turin, où elles habitèrent l'ancien palais des rois de Sardaigne, qu'un décret de l'empereur, rendu pendant notre séjour actuel, déclara résidence impériale, aussi bien que le château de Stupinigi, situé à une petite distance de la ville.

Le pape rejoignit Leurs Majestés à Stupinigi; le saint père avait quitté Paris presque en même temps que nous, et avant son départ, il avait reçu de l'empereur des présens magnifiques. C'était un hôtel d'or, avec les chandeliers et les vases sacrés

du plus riche travail, une tiare superbe, des tapisseries des Gobelins et des tapis de la Savonnerie ;
une statue de l'empereur en porcelaine de Sèvres.
L'impératrice avait aussi fait à Sa Sainteté présent
d'un vase de la même manufacture, orné de peintures des premiers artistes. Ce chef-d'œuvre avait
au moins quatre pieds en hauteur et deux pieds
et demi de diamètre à l'ouverture. Il avait été fa-
briqué exprès pour être offert au saint père, et
représentait, autant qu'il m'en souvient, la cérémonie du sacre.

Chacun des cardinaux de la suite du pape avait
reçu une boîte d'un beau travail, avec le portrait
de l'empereur enrichi de diamans, et toutes les
personnes attachées au service de Pie VII avaient
eu des présens plus ou moins considérables. Tous
ces divers objets avaient été successivement apportés par les fournisseurs dans les appartemens de
Sa Majesté, et j'en prenais note par ordre de l'empereur à mesure qu'ils arrivaient.

Le saint père fit aussi, de son côté, accepter de
très-beaux présens aux officiers de la maison de
l'empereur qui avaient rempli quelques fonctions
auprès de sa personne, pendant son séjour à Paris.

De Stupinigi nous nous rendîmes à Alexandrie.
L'empereur, le lendemain de son arrivée, se leva de

très-bonne heure, visita les fortifications de la ville, parcourut toutes les positions du champ de bataille de Marengo, et ne rentra qu'à sept heures du soir, après avoir fatigué cinq chevaux. Quelques jours après, il voulut que l'impératrice vît cette plaine fameuse, et, par ses ordres, une armée de vingt-cinq ou trente mille hommes y fut rassemblée. Le matin du jour fixé pour la revue de ces troupes, l'empereur sortit de son appartement vêtu d'un habit bleu à longue taille et à basques pendantes, usé à profit et même troué en quelques endroits. Ces trous étaient l'ouvrage des vers et non des balles, comme on l'a dit à tort dans certains mémoires. Sa Majesté avait sur la tête un vieux chapeau bordé d'un large galon d'or, noirci et effilé par le temps, et au côté un sabre de cavalerie comme en portaient les généraux de la république. C'étaient l'habit, le chapeau et le sabre qu'il avait portés le jour même de la bataille de Marengo. Je prêtai dans la suite cet habillement à M. David, premier peintre de Sa Majesté, pour son tableau du passage du mont Saint-Bernard. Un vaste amphithéâtre avait été élevé dans la plaine pour l'impératrice et pour la suite de Leurs Majestés. La journée fut magnifique, comme le sont tous les jours du mois de mai en Italie. Après avoir parcouru ses lignes, l'empereur vint s'asseoir à côté de l'impé-

ratrice , et fit aux troupes une distribution de croix
de la Légion-d'Honneur. Ensuite il posa la première
pierre d'un monument qu'il avait ordonné d'élever
dans la plaine à la mémoire des braves morts dans
la bataille. Lorsque Sa Majesté, dans la courte
allocution qu'elle adressa en cette occasion à son
armée, prononça d'une voix forte, mais profondément émue, le nom de Desaix, *mort glorieusement
ici pour la patrie*, un frémissement de douleur se
fit entendre dans les rangs des soldats. Pour moi,
j'étais ému jusqu'aux larmes, et, les yeux fixés sur
cette armée, sur ses drapeaux, sur le costume de
l'empereur, j'avais besoin de me tourner de temps
en temps vers le trône de sa majesté l'impératrice,
pour ne pas me croire encore au 14 juin de
l'année 1800.

Je pense que ce fut pendant ce séjour à Alexandrie que le prince Jérôme Bonaparte eut avec
l'empereur une entrevue dans laquelle celui-ci fit
à son jeune frère de sérieuses et vives remontrances.
Le prince Jérôme sortit du cabinet visiblement
agité. Le mécontentement de l'empereur venait du
mariage contracté par son frère, à l'âge de dix-neuf
ans, avec la fille d'un négociant américain. Sa Majesté avait fait casser cette union pour cause de
minorité, et elle avait rendu un décret portant
défense aux officiers de l'état civil de recevoir sur

leurs registres la transmission de l'acte de célébration de mariage de M. Jérôme avec mademoiselle Paterson. Pendant quelque temps, l'empereur lui battit froid et le tint éloigné; mais peu de jours après l'entrevue d'Alexandrie, il le chargea d'aller à Alger pour réclamer comme sujets de l'empire deux cents Génois retenus en esclavage. Le jeune prince s'acquitta fort heureusement de sa mission d'humanité, et rentra au mois d'août dans le port de Gênes, avec les captifs qu'il venait de délivrer. L'empereur fut content de la manière dont son frère avait suivi ses instructions, et il dit à cette occasion « que le prince Jérôme était bien jeune, » bien léger, qu'il lui fallait du plomb dans la tête, » mais que pourtant il espérait en faire quelque » chose. » Ce frère de Sa Majesté était du petit nombre des personnes qu'elle aimait particulièrement, quoiqu'il lui eût souvent donné les plus justes motifs de s'emporter contre lui.

CHAPITRE IX.

Séjour de l'empereur à Milan. — Emploi de son temps. — Le prince Eugène vice-roi d'Italie. — Déjeuner de l'empereur et de l'impératrice dans l'île de l'Olona. — Visite dans la chaumière d'une pauvre femme. — Entretien de l'empereur. — Quatre heureux. — Réunion de la république ligurienne à l'empire français. — Trois nouveaux départemens au royaume d'Italie. — Voyage de l'empereur à Gênes. — Le sénateur Lucien chez son frère. — L'empereur veut faire divorcer son frère. — Réponse de Lucien. — Colère de l'empereur. — Émotion de Lucien. — Lucien repart pour Rome. — Silence de l'empereur à son coucher. — La véritable cause de la brouillerie de l'empereur et de son frère Lucien. — Détails sur les premières querelles des deux frères. — Réponse hardie de Lucien. — L'empereur brise sa montre sous ses pieds. — Conduite de Lucien, ministre de l'intérieur. — Les blés passent le détroit de Calais. — Vingt millions de bénéfice et l'ambassade d'Espagne. —

Leurs Majestés restèrent plus d'un mois à Milan, et j'eus tout le loisir de visiter cette belle capitale de la Lombardie. Ce ne fut pendant leur séjour qu'un enchaînement continuel de fêtes et de plaisirs. Il semblait que l'empereur lui seul eût quelque temps à donner au travail. Il s'enfermait, selon sa coutume, avec ses ministres, pendant que toutes les personnes de sa suite et de sa maison, lorsque leur devoir ne les retenait pas près de Sa Majesté, couraient se mêler aux jeux et aux divertissemens des Milanais. Je n'entrerai dans aucun détail sur le couronnement. Ce fut à peu près la répétition de ce qui s'était passé à Paris quelques mois auparavant. Toutes les solennités de ce genre se ressemblent, et il n'est personne qui n'en connaisse jusqu'aux moindres circonstances. Parmi tous ces jours de fête, il y eut un véritable jour de bonheur pour moi, lorsque le prince Eugène, dont je n'ai jamais oublié les bontés à mon égard, fut proclamé vice-roi d'Italie. Certes, personne n'était plus digne que lui d'un rang si élevé, s'il ne fallait pour y prétendre que noblesse, générosité, courage et habileté dans l'art de gouverner. Jamais prince ne voulut plus sincèrement la prospérité des peuples confiés à son administration. J'ai vu mille fois combien il était heureux, et quelle douce gaîté animait tous ses traits, lorsqu'il avait répandu le bonheur autour de lui.

L'empereur et l'impératrice allèrent un jour dé-

jeuner aux environs de Milan, dans une petite île
de l'Olona ; en s'y promenant, l'empereur rencon-
tra une pauvre femme dont la chaumière était toute
voisine du lieu où avait été dressée la table de
Leurs Majestés, et il lui adressa nombre de questions. « Monsieur, répondit-elle (ne connaissant
pas l'empereur), je suis très-pauvre, et mère de
trois enfans que j'ai bien de la peine à élever,
parce que mon mari, qui est journalier, n'a pas toujours de l'ouvrage. — Combien vous faudrait-il,
reprit Sa Majesté, pour être parfaitement heureuse ? — Oh ! Monsieur, il me faudrait beaucoup
d'argent. — Mais encore, ma bonne, combien vous
faudrait-il ? — Ah ! Monsieur, à moins que nous
n'ayons vingt louis, nous ne serons jamais au dessus de nos affaires ; mais quelle apparence que
nous ayons jamais vingt louis ! »

L'empereur lui fit donner sur-le-champ une
somme de trois mille francs en or, et il m'ordonna
de défaire les rouleaux et de jeter le tout dans le
tablier de la bonne femme. A la vue d'une si grande
quantité d'or, cette dernière pâlit, chancelle, et je
la vis près de s'évanouir. « Ah ! c'est trop, monsieur,
» c'est vraiment trop. Pourtant vous ne voudriez
» pas vous jouer d'une pauvre femme ? »

L'empereur la rassura en lui disant que tout
était bien pour elle, et qu'avec cet argent elle

pourrait acheter un petit champ, un troupeau de chèvres, et faire bien élever ses enfans.

Sa Majesté ne se fit point connaître; elle aimait, en répandant ses bienfaits, à garder l'incognito. Je connais dans sa vie un grand nombre d'actions semblables à celle-ci. Il semble que ses historiens aient fait exprès de les passer sous silence, et pourtant c'était, ce me semble, par des traits pareils qu'on pouvait et qu'on devait peindre le caractère de l'empereur.

Des députés de la république ligurienne, le doge à leur tête, étaient venus à Milan supplier l'empereur de réunir à l'empire Gênes et son territoire. Sa Majesté n'avait eu garde de repousser une telle demande, et par un décret elle avait fait des états de Gênes, trois départemens de son royaume d'Italie. L'empereur et l'impératrice partirent de Milan pour aller visiter ces départemens et quelques autres.

Nous étions à Mantoue depuis peu de temps, lorsqu'un soir, vers les six heures, M. le grand maréchal Duroc vint me donner l'ordre de rester seul dans le petit salon qui précédait la chambre de l'empereur, et me prévint que M. le comte Lucien Bonaparte allait bientôt arriver. En effet, au bout de quelques minutes je le vis arriver. Lorsqu'il se fut fait connaître, je l'introduisis dans la

chambre à coucher, puis j'allai frapper à la porte
du cabinet de l'empereur pour le prévenir. Après
s'être salués, les deux frères s'enfermèrent dans
la chambre; bientôt il s'éleva entre eux une discussion fort vive, et, bien malgré moi, obligé de
rester dans le petit salon, j'entendis une grande
partie de la conversation : l'empereur engageait
son frère à divorcer, et lui promettait une couronne s'il voulait s'y décider; M. Lucien répondit
qu'il n'abandonnerait jamais la mère de ses enfans. Cette résistance irrita vivement l'empereur,
dont les expressions devinrent dures et même in-
sultantes. Enfin cette explication avait duré plus
d'une heure, lorsque M. Lucien en sortit dans un
état affreux, pâle, défait, les yeux rouges et remplis de larmes. Nous ne le revîmes plus, car en
quittant son frère il retourna à Rome.

L'empereur resta tristement affecté de la résistance de son frère, et n'ouvrit seulement pas la
bouche à son coucher. On a prétendu que la
brouillerie entre les deux frères fut causée par
l'élévation du premier consul à l'empire, ce que
M. Lucien désapprouvait. C'est une erreur; il est
bien vrai que ce dernier avait proposé de continuer la république sous le gouvernement de deux
consuls, qui auraient été Napoléon et Lucien. L'un
aurait été chargé de la guerre et des relations ex-

térieures, l'autre de tout ce qui concernait les affaires de l'intérieur ; mais quoique la non-réussite
de son plan eût affligé M. Lucien, l'empressement
avec lequel il accepta le titre de sénateur et de
comte de l'empire prouve assez qu'il se souciait
fort peu d'une république dont il n'aurait pas été
un des chefs. Je suis certain que le mariage seul de
M. Lucien avec madame J..... fut cause de la brouillerie. L'empereur désapprouvait cette union, parce
que la dame passait pour avoir été fort galante,
et qu'elle était divorcée de son mari, qui avait fait
faillite et s'était enfui en Amérique. Cette faillite et
surtout le divorce blessaient beaucoup Napoléon,
qui eut toujours une grande répugnance pour les
personnes divorcées.

Déjà l'empereur avait voulu élever son frère au
rang des souverains en lui faisant épouser la reine
d'Étrurie, qui venait de perdre son mari. M. Lucien refusa cette alliance à plusieurs reprises. Enfin
l'empereur s'étant fâché lui dit : « Vous voyez où
» vous conduit votre entêtement et votre sot
» amour pour une ... *femme galante.* — Au moins,
» répliqua M. Lucien, *la mienne est jeune et jolie,* »
faisant allusion à l'impératrice Joséphine qui *avait
été* l'un et l'autre. La hardiesse de cette réponse
poussa à l'extrême la colère de l'empereur : il tenait,
dit-on, alors sa montre à la main, et il la jeta avec

force sur le parquet, en s'écriant : « Puisque tu ne
» veux rien entendre, eh bien, je te briserai comme
» cette montre. »

Des différends avaient éclaté entre les deux frères,
même avant l'établissement de l'empire. Parmi les
faits qui causèrent la disgrâce de M. Lucien, j'ai
souvent entendu citer celui-ci :

M. Lucien, étant ministre de l'intérieur, reçut
l'ordre du premier consul de ne pas laisser sortir
de blé du territoire de la république. Nos magasins étaient remplis et la France abondamment
pourvue; mais il n'en était pas ainsi de l'Angleterre,
où la disette se faisait grandement sentir. On ne
sait comment l'affaire s'arrangea, mais la majeure
partie de ces blés passa le détroit de Calais. On assurait qu'il y en avait pour la somme de vingt millions. En apprenant cette nouvelle, le premier consul ôta le portefeuille de l'intérieur à son frère, et
le nomma à l'ambassade d'Espagne.

A Madrid, M. Lucien fut très-bien reçu du roi
et de la famille royale, et il devint l'ami intime de
don Manuel Godoy, prince de la Paix. C'est pendant cette mission, et d'accord avec le prince de la
Paix, que fut conclu le traité de Badajos, pour
la conclusion duquel le Portugal donna, dit-on,
trente millions. On a dit de plus que cette somme,
payée en or et en diamans, fut partagée entre les

deux plénipotentiaires, qui ne jugèrent pas à propos d'en compter avec leurs cours respectives.

Charles IV aimait tendrement M. Lucien, et il avait pour le premier consul la plus grande vénération. Après avoir regardé en détail plusieurs chevaux d'Espagne qu'il destinait au premier consul, il dit à son premier écuyer : « Que tu es heu-» reux, et que j'envie ton bonheur ! tu vas voir le » grand homme et tu vas lui parler; que ne puis-je » prendre ta place ! »

Pendant son ambassade, M. Lucien avait adressé ses hommages à une personne du rang le plus élevé, et il en avait reçu un portrait en médaillon entouré de très-beaux brillans. Je lui ai vu cent fois ce portrait, qu'il portait suspendu au cou par une chaîne de cheveux du plus beau noir. Loin d'en faire mystère, il affectait au contraire de le montrer, et se penchait en avant pour qu'on vît le riche médaillon se balancer sur sa poitrine.

Avant son départ de Madrid, le roi lui fit aussi présent de son portrait en miniature, également entouré de diamans. Ces pierres, démontées et employées pour former un nœud de chapeau, passèrent à la seconde femme de M. Lucien. Voici comment une personne de l'hôtel même de M. Lucien m'a raconté le mariage de celui-ci avec madame J........

Le premier consul était instruit jour par jour et sans nul retard de ce qui se passait dans l'intérieur de l'hôtel de ses frères. On lui rendait un compte exact des moindres particularités et des plus petits détails. M. Lucien, voulant épouser madame J......, qu'il avait connue chez le comte de L......, avec lequel elle était au mieux, fit prévenir entre deux et trois heures de l'après-midi, M. Duquesnoy, maire du dixième arrondissement, en l'invitant à se transporter à son hôtel, rue Saint-Dominique, sur les huit heures du soir, avec le registre des mariages. Entre cinq et six heures, M. Duquesnoy reçut du château des Tuileries l'ordre de ne point emporter les registres hors de la municipalité, et surtout de ne prononcer aucun mariage avant que, conformément à la loi, le nom des futurs époux n'eût été, au préalable, affiché pendant huit jours.

A l'heure indiquée, M. Duquesnoy arrive à l'hôtel, et demande à parler en particulier à M. le comte, auquel il communique l'ordre émané du château.

Outré de colère, M. Lucien fait sur-le-champ retenir une centaine de chevaux à la poste pour lui et pour tout son monde, et sans tarder, lui-même et madame J......, la société et les gens de sa maison montent en voiture pour se rendre au château du Plessis-Chamant, maison de plaisance à une demi-lieue au-dessus de Senlis. Le curé du lieu, qui était aussi adjoint du maire, est aussitôt mandé. A minuit il prononce le mariage civil; puis jetant sur son écharpe d'officier de l'état civil ses habits sacerdotaux, il donna aux fugitifs la bénédiction nuptiale. On servit ensuite un bon souper, auquel l'*adjoint-curé* assista; et comme il revenait à son presbytère vers les six heures du matin, il vit à sa porte une chaise de poste gardée par deux cavaliers. En entrant dans sa maison, il y trouva un officier de gendarmerie qui l'invita poliment à vouloir bien l'accompagner à Paris. Le pauvre curé se crut perdu; mais il fallait obéir, sous peine d'être conduit à Paris de brigade en brigade par la gendarmerie.

Il monte donc dans la fatale chaise qui l'emporte au galop de deux bons chevaux, et le voilà aux Tuileries. Amené dans le cabinet du premier consul : « C'est donc vous, monsieur, lui dit celui-ci » d'une voix foudroyante, qui mariez les gens de » ma famille sans mon consentement, et sans avoir » fait les publications que vous deviez faire en » votre double caractère de curé et d'adjoint? » Savez-vous bien que vous méritez d'être desti- » tué, interdit et poursuivi devant les tribunaux? » Le malheureux prêtre se voyait déjà au fond d'un cachot. Cependant, après une verte semonce, il fut renvoyé dans son presbytère. Mais les deux frères ne se réconcilièrent jamais.

Malgré tous ces différends, M. Lucien comptait toujours sur la tendresse de son frère pour obtenir un royaume. Voici un fait dont je garantis l'authenticité, et qui m'a été raconté par une personne digne de foi. M. Lucien avait à la tête de sa maison un ami d'enfance, du même âge que lui et également né en Corse. Il se nommait Campi, et jouissait dans l'hôtel de M. le comte d'une confiance sans bornes. Le jour où le *Moniteur* donna la liste des nouveaux princes français, M. Campi se promenait dans la belle galerie de tableaux formée par M. Lucien, avec un jeune secrétaire de M. Lucien, et il s'établit entre eux la conversation suivante. « Vous avez sans doute lu le *Moniteur* d'aujourd'hui? — Oui. —Vous y avez vu que tous les membres de la famille sont décorés du titre de princes français et que le nom de M. le comte manque à la liste. — Qu'importe, il y a des royaumes. — Aux soins que se donnent les souverains pour les conserver, je n'en vois guère de vacans. — Eh bien, on en fera; toutes les familles souveraines de l'Europe sont usées, et nous en aurons de nouvelles. » Là-dessus M. Campi se tut, et commanda au jeune homme de se taire, s'il voulait conserver les bonnes grâces de M. le comte. Aussi n'est-ce que bien long-temps après cet entretien que le jeune secrétaire en a parlé. Cette confidence, sans être singulièrement piquante, donne pourtant une idée du degré de confiance qu'il faut accorder à la prétendue modération de M. le comte Lucien, et aux épigrammes qu'on lui a prêtées contre l'ambition de son frère et de sa famille.

Il n'était personne au château qui ne connût l'inimitié qui existait entre M. Lucien Bonaparte et l'impératrice Joséphine; et pour faire leur cour à celle-ci, les anciens habitués de la Malmaison, devenus avec le temps les courtisans des Tuileries, lui racontaient tout ce qu'ils avaient recueilli de plus piquant sur le compte du frère puîné de l'empereur. C'est ainsi qu'un jour j'entendis par hasard un grave personnage, un sénateur de l'empire, donner le plus gaîment du monde à l'impératrice des détails très-circonstanciés sur une des liaisons passagères de M. comte Lucien. Je ne garantis point l'authenticité de l'anecdote, et j'éprouve à l'écrire plus d'embarras que M. le sénateur n'en avait à la conter. Je me garderai même bien d'entrer dans une foule de détails que le narrateur donnait sans rougir, et sans effaroucher son auditoire; car mon but est de faire connaître ce que je sais de l'intérieur de la famille impériale et des habitudes des personnages qui tenaient de plus près à l'empereur, et non d'exciter le scandale, quoique je pusse m'en justifier par l'exemple d'un dignitaire de l'empire.

Donc M. le comte Lucien (je ne sais en quelle année) rechercha les bonnes grâces de mademoiselle Méserai, actrice jolie et spirituelle du Théâtre-Français. La conquête n'en fut pas difficile, d'abord parce qu'elle ne l'avait jamais été pour personne, ensuite parce que l'artiste connaissait l'opulence de M. le comte, et le croyait prodigue. Les premières attentions de son amant durent la confirmer dans cette opinion. Elle demanda un hôtel; on lui en donna un richement et élégamment meublé, et le contrat lui en fut remis le jour où elle prit possession. Chaque visite de M. le comte enrichissait de quelque nouvelle parure la garderobe ou l'écrin de l'actrice. Cela dura quelques mois, au bout desquels M. Lucien se dégoûta de son marché, et se mit à aviser aux moyens de le rompre sans trop y perdre. Il avait, entre autres présens, donné à mademoiselle Méserai une paire de *girandoles* en diamans de très-grand prix. Dans une de leurs dernières entrevues, mais avant que M. le comte eût laissé paraître aucun signe de refroidissement, il aperçut les girandoles sur la toilette de sa maîtresse, et les prenant dans ses

mains : « En vérité, ma chère, vous avez des torts
» avec moi. Pourquoi ne pas me montrer plus de
» confiance? Je vous en veux beaucoup de porter
» des bijoux passés de mode comme ceux-ci. —
» Comment! mais il n'y a pas six mois que vous
» me les avez donnés. — Je le sais, mais une femme
» qui se respecte, une femme de bon goût ne doit
» rien porter qui ait six mois de date. Je garde
» les pendans d'oreilles et je vais les faire porter
» chez Devilliers (c'était le joailler de M. le
» comte) pour qu'il les monte comme je l'entends.»
M. le comte, bien tendrement remercié pour une
attention si délicate, mit les girandoles dans sa
poche avec une ou deux parures venant aussi de
lui et qui ne lui paraissaient plus assez nouvelles,
et la brouillerie éclata avant qu'il eût rien rapporté. Il fit pourtant, dit-on, un dernier cadeau à
mademoiselle M.... avant de la quitter tout-à-fait;
et celui-là, la pauvre fille en souffrit long-temps.
Il faut dire toutefois, pour rendre justice aux deux
parties, que de son côté M. le comte prétendait
que, loin de donner, il avait craint de recevoir, et
que c'était cette crainte salutaire qui avait amené
la rupture.

Quoi qu'il en soit, mademoiselle M.... se croyait
bien dans ses meubles et même dans sa maison,
lorsqu'un matin le véritable propriétaire vint lui

demander si son intention était de passer un nouveau bail. Elle recourut à son contrat de propriété, qu'elle n'avait pas encore songé à déplier, et trouva que ce n'était que la grosse d'un état de lieux au bas duquel était la quittance d'un *loyer de deux années.*

Pendant notre séjour à Gênes, les chaleurs étaient insupportables; l'empereur en souffrait beaucoup et prétendait qu'il n'en avait pas éprouvé de pareilles en Egypte. Il se déshabillait plusieurs fois le jour; son lit fut entouré d'un moustiquaire, car les cousins étaient nombreux et tourmentans. Les fenêtres de la chambre à coucher donnaient sur une grande terrasse située au bord de la mer, et d'où l'on découvrait le golfe et tout le pays environnant : les fêtes données par la ville furent superbes; on avait lié les uns aux autres un grand nombre de bateaux chargés d'orangers, de citronniers et d'arbustes couverts de fleurs et de fruits; réunis ensemble, ces bateaux présentaient l'image d'un jardin flottant de la plus grande beauté. Leurs Majestés s'y rendirent sur un yacht magnifique.

A son retour en France, l'empereur ne prit aucun repos depuis Turin jusqu'à Fontainebleau. Il voyageait incognito, sous le nom du ministre de l'intérieur. Nous allions avec une si grande vitesse qu'à chaque relais on était obligé de jeter de l'eau sur les roues; malgré cela Sa Majesté se plaignait de la lenteur des postillons, et s'écriait à chaque instant : *Allons, allons donc, nous ne marchons pas.* Plusieurs voitures de service restèrent en arrière; la mienne n'éprouva aucun retard, et j'arrivai à chaque relais en même temps que l'empereur.

Pour monter la côte rapide de Tarare, l'empereur descendit de voiture ainsi que le maréchal Berthier qui l'accompagnait. Les équipages étaient assez loin derrière, parce qu'on avait arrêté afin de faire reposer les chevaux. Sa Majesté vit gravissant la montée, à quelques pas devant lui, une femme vieille et boiteuse, et qui ne cheminait qu'avec grand'peine. L'empereur s'approcha d'elle et lui demanda pourquoi, infirme comme elle semblait être, et ayant l'air si fatiguée, elle suivait à pied une route si pénible.

« Monsieur, répondit-elle, on m'a assuré que » l'empereur doit passer par ici, et je veux le voir » avant de mourir. » Sa Majesté, qui voulait s'amuser, lui dit · « Ah! bon Dieu! pourquoi vous » déranger? c'est un tyran comme un autre. »

La bonne vieille, indignée du propos, repartit avec une sorte de colère : « Du moins, monsieur, » celui-là est de notre choix, et puisqu'il nous faut

» un maître, il est bien juste à tout le moins que
» nous le choisissions. » Je n'ai point été témoin
de ce fait; mais j'ai entendu l'empereur lui-même
le raconter au docteur Corvisart, avec quelques
réflexions sur le bon sens du peuple, qui, de l'avis
de Sa Majesté et de son premier médecin, a géné-
ralement le jugement très-droit.

●●

CHAPITRE X.

Séjour à Munich et à Stuttgard. — Mariage du prince Eugène
avec la princesse Auguste-Amélie de Bavière. — Fêtes. —
Tendresse mutuelle du vice-roi et de la vice-reine. — Comment le vice-roi élevait ses enfans. — Un trait de l'enfance
de sa majesté l'impératrice actuelle du Brésil. — Portrait du
feu roi de Bavière, Maximilien Joseph. — Souvenirs de son
ancien séjour à Strasbourg, comme colonel au service de
France. — Amour des Bavarois pour cet excellent prince.
— Dévoûment du roi de Bavière pour Napoléon. — La
main de Constant dans une main royale. — Contraste entre
la destinée du roi de Bavière et celle de l'empereur. — Les
deux tombeaux. — Portrait du prince royal, aujourd'hui
roi de Bavière. — Surdité et bégaiement. — Gravité et
amour pour l'étude. — Opposition du prince-royal contre
l'empereur. — Voyage du prince Louis (de Bavière) à Paris. — Sommeil de ce prince au spectacle, et la *méridienne*
de l'archi-chancelier de l'empire. — Portrait du roi de Wurtemberg. — Son énorme embonpoint. — Son attitude à table. — Sa passion pour la chasse. — La monture difficile à
trouver. — Comment on dressait les chevaux du roi à porter
l'énorme poids de leur maître. — Dureté excessive du roi

de Wurtemberg. — Détails singuliers à ce sujet. — Fidélité gardée par ce monarque. — Luxe du roi de Wurtemberg. — Le prince royal de Wurtemberg. — Le prince primat. — Toilette surannée des princesses allemandes. — Les coches et les paniers. — [Les journaux des modes, français. — Tristes équipages. — Portrait du prince de Saxe-Gotha. — Coquetterie de ci-devant jeune homme. — Michalon le coiffeur, et les perruques à la Cupidon. — Toilette extravagante d'une princesse de la confédération, au spectacle de la cour. — Madame *Cunégonde*. — L'imperatrice Joséphine se souvient de *Candide*. — Le prince Murat, grand duc de Berg et de Clèves. — Le prince Charles-Louis Frédéric de Bade vient à Paris pour épouser une des nièces de l'impératrice Joséphine. — Portrait de ce prince. — La première nuit des noces. — Vive résistance. — Condescendance d'un bon mari. — La queue sacrifiée. — Rapprochement et bon ménage. — Le grand-duc de Bade à Erfurth. — L'empereur Alexandre excite sa jalousie. — Maladie et mort du grand-duc de Bade. — Un mot sur sa famille. — La grande-duchesse se livre à l'éducation de ses filles. — Fétes, chasses, etc. — Gravité d'un ambassadeur turc, suivant une chasse impériale. — Il refuse l'honneur de tirer le premier coup.

Sa majesté l'empereur passa le mois de janvier 1806 à Munich et à Stuttgard ; c'est dans la première de ces deux capitales que fut célébré le mariage du vice-roi avec la princesse de Bavière. Il y eut à cette occasion une suite de fêtes magnifiques dont l'empereur était toujours le héros. Ses hôtes ne savaient par quels hommages témoigner au grand homme l'admiration que leur inspirait son génie militaire.

Le vice-roi et la vice-reine ne s'étaient jamais vus avant leur mariage, mais ils s'aimèrent bientôt comme s'ils s'étaient connus depuis des années, car jamais deux personnes n'ont été mieux faites pour s'aimer. Il n'est pas de princesse, et même il n'est point de mère qui se soit occupée de ses enfans avec plus de tendresse et de soins que la vice-reine. Elle était faite pour servir de modèle à toutes les femmes ; on m'a cité de cette respectable princesse un trait que je ne puis m'empêcher de rapporter ici. Une de ses filles encore tout enfant, ayant répondu d'un ton fort dur à une femme de chambre, Son Altesse Sérénissime la vice-reine en fut instruite, et pour donner une leçon à sa fille, elle défendit qu'à partir de ce moment on rendît à la jeune princesse aucun service, et qu'on répondît à ses demandes. L'enfant ne tarda pas à venir se plaindre à sa mère, qui lui dit fort gravement que, quand on avait, comme elle, besoin du service et des soins de tout le monde, il fallait sa-

voir les mériter et les reconnaître par des égards et
par une politesse obligeante. Ensuite elle l'engagea
à faire des excuses à la femme de chambre et à lui
parler dorénavant avec douceur, l'assurant qu'elle
en obtiendrait ainsi tout ce qu'elle demanderait de
raisonnable et de juste. La jeune enfant obéit, et
la leçon lui profita si bien, qu'elle est devenue, si
l'on en croit la voix publique, une des princesses
les plus accomplies de l'Europe. Le bruit de ses
perfections s'est même répandu jusque dans le
nouveau monde, qui s'est empressé de la disputer
à l'ancien, et qui a été assez heureux pour la lui
enlever. C'est, je crois, aujourd'hui, Sa Majesté
l'impératrice du Brésil.

Sa majesté le roi de Bavière Maximilien-Joseph
était d'une taille élevée , d'une noble et belle figure; il pouvait avoir cinquante ans. Ses manières
étaient pleines de charme, et il avait avant la révolution laissé à Strasbourg une renommée de bon
ton et de galanterie chevaleresque, du temps où
il était colonel au service de France, du régiment
d'Alsace, sous le nom de prince Maximilien, ou
prince Max, comme l'appelaient ses soldats. Ses
sujets, sa famille, ses serviteurs, tout le monde
l'adorait. Il se promenait souvent seul , le matin ;
dans la ville de Munich, allait aux halles, mar-
chandait les grains, entrait dans les boutiques,

parlait à tout le monde, et surtout aux enfans qu'il engageait à se rendre aux écoles. Cet excellent prince ne craignait point de compromettre sa dignité par la simplicité de ses manières, et il avait raison, car je ne pense pas que personne ait jamais été tenté de lui manquer de respect. L'amour qu'il inspirait n'ôtait rien à la vénération. Tel était son dévouement à l'empereur que sa bienveillance s'étendait jusques sur les personnes qui par leurs fonctions approchaient le plus de Sa Majesté imprériale, et se trouvaient le mieux en position de connaître ses besoins et ses désirs. Ainsi (je ne raconte cela que pour citer une preuve de ce que j'avance, et non pour en tirer vanité), Sa Majesté le roi de Bavière ne venait pas de fois chez l'empereur qu'il ne me serrât la main, s'informant de la santé de Sa Majesté impériale, puis de la mienne, et ajoutant mille choses qui prouvaient tout ensemble son attachement pour l'empeur et sa bonté naturelle.

Sa majesté le roi de Bavière est maintenant dans la tombe comme celui qui lui avait donné un trône. Mais son tombeau est encore un tombeau royal, et les bons Bavarois peuvent venir s'y agenouiller et pleurer. L'empereur au contraire..... ! le vertueux Maximilien a pu léguer à un fils digne de lui le sceptre qu'il avait reçu de l'exilé mort à Sainte-Hélène.

Le prince Louis, aujourd'hui roi de Bavière, et peut-être le plus digne roi de l'Europe, était de moins grande taille que son auguste père; il avait aussi une figure moins belle, et par malheur il était affligé alors d'une surdité extrême, qui le faisait grossir et élever la voix sans qu'il s'en aperçût. Sa prononciation était également affectée d'un léger bégaiement; les Bavarois l'aimaient beaucoup. Ce prince était sérieux et ami de l'étude, et l'empereur lui reconnaissait du mérite, mais ne comptait pas sur son amitié; ce n'était pas qu'il le soupçonnât de manquer de loyauté. Le prince royal était au dessus d'un pareil soupçon; mais l'empereur savait qu'il était du parti qui craignait l'asservissement de l'Allemagne, et qui suspectait les Français, quoiqu'ils n'eussent jusqu'alors attaqué que l'Autriche, de projets d'envahissement sur toutes les puissances germaniques. Toutefois ce que je viens de dire du prince royal doit se rapporter uniquement aux années postérieures à 1806, car je suis certain qu'à cette époque, ses sentimens ne différaient pas de ceux du bon Maximilien, qui était, comme je l'ai dit, pénétré de reconnaissance pour l'empereur. Le prince Louis vint à Paris au commencement de cette année, et je l'ai vu maintes fois au spectacle de la cour dans la loge du prince archi-chancelier. Ils dormaient tous deux de compagnie et très-profondément ; c'était au reste l'habitude de M. Cambacérès. Lorsque l'empereur le faisait demander, et qu'il recevait pour réponse que Monseigneur était au spectacle, « C'est bon, c'est bon, disait Sa Majesté, il fait la » méridienne, qu'on ne le dérange pas. »

Le roi de Wurtemberg était grand, et si gros qu'on disait de lui que Dieu l'avait mis au monde pour prouver jusqu'à quel point la peau de l'homme peut s'étendre. Son ventre avait une telle dimension, que sa place à table était marquée par une profonde échancrure ; et malgré cette précaution, il était obligé de tenir son assiette à la hauteur du menton pour manger son potage ; il allait à la chasse, qu'il aimait beaucoup, à cheval, ou sur une petite voiture russe attelée de quatre chevaux qu'il conduisait souvent lui-même. Il aimait à monter à cheval, mais ce n'était pas chose aisée de trouver une monture de taille et de force à porter un si lourd fardeau. Il fallait que le pauvre animal y eût été dressé progressivement. A cet effet, l'écuyer du roi se serrait les reins d'une ceinture chargée de morceaux de plomb dont il augmentait chaque jour le poids, jusqu'à ce qu'il égalât celui de Sa Majesté. Le roi était despote, dur, et même cruel; il devait signer la sentence de tous les condamnés, et presque toujours, s'il faut en croire ce que j'en ai entendu dire à Stuttgard, il aggravait la peine prononcée par les juges. Difficile et brutal, il frappait souvent les gens de sa maison : on allait jusqu'à dire qu'il n'épargnait pas Sa Majesté la reine sa femme, sœur du roi actuel d'Angleterre. C'était au reste un prince dont l'empereur estimait l'esprit et les hautes connaissances. Il l'aimait et en était aimé, et il le trouva jusqu'à la fin fidèle à son alliance. Le roi Frédéric de Wurtemberg avait une cour brillante et nombreuse, et il étalait une grande magnificence.

Le prince héréditaire était fort aimé ; il était moins altier et plus humain que son père; on le disait juste et libéral.

Outre les têtes couronnées de sa main, l'empereur reçut en Bavière un grand nombre de princes et princesses de la confédération qui dînaient ordinairement avec Sa Majesté. Dans cette foule de courtisans royaux, on remarquait le prince primat, qui ne différait en rien, sous le rapport des manières, du ton et de la mise, de ce que nous avons de mieux à Paris; aussi l'empereur en faisait-il un cas tout particulier. Je ne saurais faire le même éloge de la toilette des princesses, duchesses et autres dames nobles. Le costume de la plupart d'entre elles était du plus mauvais goût ; elles avaient entassé dans leur coiffure, sans art et sans grâce, les fleurs, les plumes, les chiffons de gaze d'or ou d'argent, et surtout grande quantité d'épingles à têtes de diamans.

Les équipages de la noblesse allemande étaient tous de gros et larges coches, ce qui était indispensable pour les énormes paniers que portaient encore ces dames. Cette fidélité aux modes surannées était d'autant plus surprenante, qu'à cette époque l'Allemagne jouissait du précieux avantage de posséder deux journaux des modes. L'un était la traduction du recueil publié par M. de la Mésangère ; et l'autre, rédigé également à Paris, était traduit et imprimé à Manheim. A ces ignobles voitures, qui ressemblaient à nos anciennes diligences, étaient attelés avec des cordes des chevaux extrêmement chétifs ; ils étaient tellement éloignés les uns des autres, qu'il fallait un espace immense pour faire tourner les équipages.

Le prince de Saxe-Gotha était long et maigre ; malgré son grand âge, il était assez coquet pour faire faire à Paris, par notre célèbre coiffeur Michalon, de jolies petites perruques, d'un blond d'enfant, et bouclées comme la coiffure de Cupidon ; au surplus, c'était un homme excellent.

Je me souviens, à propos des nobles dames allemandes, d'avoir vu au spectacle de la cour à Fontainebleau une princesse de la confédération, qui fut présentée à Leurs Majestés. La toilette de Son Altesse annonçait un immense progrès de la civilisation élégante au delà du Rhin. Renonçant aux gothiques paniers, la princesse avait adopté des goûts plus modernes; âgée de près de soixante-dix ans, elle portait une robe de dentelle noire sur un dessous de satin aurore; sa coiffure consistait en un voile de mousseline blanche, retenu par une couronne de roses, à la manière des vestales de l'Opéra. Elle avait avec elle sa petite fille, toute brillante de jeunesse et de charmes, et qui fut admirée de toute la cour, quoique son costume fût moins recherché que celui de sa grand' mère.

J'ai entendu sa majesté l'impératrice Joséphine raconter un jour qu'elle avait eu toutes les peines du monde à s'empêcher de rire, quand, dans le nombre des princesses allemandes, on vint en annoncer une sous le nom de Cunégonde. Sa Majesté ajouta que lorsqu'elle vit la princesse assise, elle s'imaginait la voir pencher de côté. Assurément l'impératrice avait lu les aventures de Candide et de la fille du très-noble baron de Thunder-Ten-Trunck.

On vit à Paris, au printemps de 1806, presque

autant de membres de la confédération que j'en avais vu dans les capitales de la Bavière et du Wurtemberg. Un nom français prit rang parmi les noms de ces princes étrangers; c'était celui du prince Murat, qui fut créé, au mois de mars, grand duc de Berg et de Clèves. Après le prince Louis de Bavière, arriva le prince héréditaire de Bade, qui vint à Paris pour épouser une des nièces de sa majesté l'impératrice.

Les commencemens de cette union ne furent pas heureux. La princesse Stéphanie était une très-jolie femme, pleine de grâces et d'esprit. L'empereur voulut en faire une grande dame, et il la maria sans beaucoup la consulter.Le princeCharles-Louis-Frédéric, qui avait alors vingt ans, était bon par excellence, rempli de qualités précieuses, brave, généreux, mais lourd, flegmatique, toujours d'un sérieux glacial, et tout-à-fait dépourvu de ce qui pouvait plaire à une jeune princesse habituée à la brillante élégance de la cour impériale.

Le mariage eut lieu en avril, à la grande satisfaction du prince, qui ce jour-là parut faire violence à sa gravité habituelle, et permit enfin au sourire d'approcher de ses lèvres. La journée se passa fort bien ; mais lorsque vint le moment où l'époux voulut user de ses droits, la princesse fit une grande résistance : elle cria, pleura, elle se fàcha ; enfin elle fit coucher dans sa chambre une amie d'enfance, mademoiselle Nelly Bourjoly, jeune personne qu'elle affectionnait particulièrement. Le prince était désolé : il suppliait sa femme, il promettait de faire tout ce qu'elle voudrait : toutes ses promesses et ses supplications furent inutiles, au moins pendant huit jours.

On vint lui dire que la princesse trouvait sa coiffure affreuse, et que rien ne lui inspirait autant d'aversion que les coiffures à queue. Le bon prince n'eut rien de plus pressé que de faire couper ses cheveux. Quand elle le vit ainsi tondu, elle se mit à rire aux éclats, et s'écria qu'il était encore plus laid à la *titus* qu'autrement.

Enfin, comme il était impossible qu'avec de l'esprit et un bon cœur la princesse ne finît pas par apprécier les bonnes et solides qualités de son mari, elle mit un terme à ses rigueurs, puis elle l'aima aussi tendrement qu'elle en était aimée, et l'on m'a assuré que les augustes époux faisaient un excellent ménage.

Trois mois après ce mariage, le prince quitta sa femme pour suivre l'empereur dans la campagne de Prusse d'abord, ensuite dans celle de Pologne. La mort de son grand-père, arrivée quelque temps après la campagne d'Autriche de 1809, le mit en possession du grand duché. Alors il donna le com-

mandement de ses troupes à son oncle, le comte
de Hochberg, et revint dans son gouvernement
pour ne plus le quitter.

Je l'ai revu avec la princesse à Erfurth, où l'on
m'a raconté qu'il était devenu jaloux de l'empereur
Alexandre, qui passait pour faire à sa femme une
cour assidue. La peur prit au prince, et il sortit
brusquement d'Erfurth, emmenant avec lui la
princesse, dont il est vrai de dire que jamais la
moindre démarche imprudente de sa part n'avait
autorisé cette jalousie bien pardonnable, au reste,
au mari d'une si charmante femme.

Le prince était d'une santé faible. Dès sa première jeunesse on avait remarqué en lui des symp-
tômes alarmans, et cette disposition physique entrait pour beaucoup sans doute dans l'humeur
mélancolique qui faisait le fond de son caractère.
Il est mort en 1818, après une maladie extrêmement longue et douloureuse, pendant laquelle son
épouse eut pour lui les soins les plus empressés. Il
avait eu quatre enfans, deux fils et deux filles. Les
deux fils sont morts en bas âge, et ils auraient
laissé la souveraineté de Bade sans héritiers, si les
comtes de Hochberg n'avaient été reconnus
membres de la famille ducale. La grande duchesse
est aujourd'hui livrée tout entière à l'éducation

de ses filles, qui promettent de l'égaler en grâces et en vertus.

Les noces du prince et de la princesse de Bade furent célébrées par de brillantes fêtes. Il y eut à Rambouillet une grande chasse, à la suite de laquelle Leurs Majestés, avec plusieurs membres de leur famille, et tous les princes et princesses de Bade, de Clèves, etc., parcoururent à pied le marché de Rambouillet.

Je me souviens d'une autre chasse qui eut lieu vers la même époque, dans la forêt de Saint-Germain, et à laquelle l'empereur avait invité un embassadeur de la sublime Porte, tout nouvellement arrivé à Paris. Son Excellence turque suivit la chasse avec ardeur, mais sans déranger un seul muscle de son austère visage. La bête ayant été forcée, Sa Majesté fit apporter un fusil à l'ambassadeur turc pour qu'il eût l'honneur de tirer le premier coup ; mais il s'y refusa, ne concevant pas sans doute quel plaisir on peut trouver à tuer à bout portant un pauvre animal épuisé, et qui n'a plus même la fuite pour se défendre.

CHAPITRE XI.

Coalition de la Russie et de l'Angleterre contre l'empereur. — L'armée de Boulogne en marche vers le Rhin. — Départ de l'empereur. — Tableau de l'intérieur des Tuileries, avant et après le départ de l'empereur pour l'armée. — Les courtisans *civils* et le jour sans soleil. — Arrivée de l'empereur à Strasbourg, et passage du pont de Kehl. — Le rendez-vous. — L'empereur inondé de pluie. — Le chapeau de charbonnier. — Les généraux Chardon et Vandamme.—Le rendez-vous oublié, et pourquoi. — Les douze bouteilles de vin du Rhin. — Mécontentement de l'empereur. — Le général Vandamme envoyé à l'armée wurtembergeoise.—Courage et rentrée en grâce. — L'empereur devance sa suite et ses bagages, et passe tout seul la nuit dans une chaumière. — L'empereur devant Ulm. — Combat à outrance. — Courage personnel et sang-froid de l'empereur. — Le manteau militaire de l'empereur servant de linceul à un vétéran. — Le canonnier blessé à mort. — Capitulation d'Ulm ; trente mille hommes mettent bas les armes aux pieds de l'empereur. — Entrée de la garde impériale dans Augsbourg. — Passage à Munich. — Serment d'alliance mutuelle, prêté par l'empereur de Russie et le roi de Prusse, sur le tombeau du grand Frédéric ; rapprochement. — Arrivée des Russes. — Le Couronnement, et la bataille d'Austerlitz. — L'empereur au bivouac. — Sommeil de l'empereur. — Visite des avant-postes. — Illumination militaire. — L'empereur et ses braves. — Bivouac des gens de service. — Je fais du punch pour l'empereur. — Je tombe de fatigue et de sommeil. — Réveil d'une armée. — Bataille d'Austerlitz. — Le général Rapp blessé; l'empereur va le voir. — L'empereur d'Autriche au quartier-général de l'empereur Napoléon. — Traité de paix. — Séjour à Vienne et à Schœnbrunn. — Rencontre singulière. — Napoléon et la fille de M. de Marbœuf. — Le courrier Moustache envoyé à l'impératrice Joséphine. — Récompense digne d'une impératrice. — Zèle et courage de Moustache. — Son cheval tombe mort de fatigue.

L'EMPEREUR ne resta que quelques jours à Paris, après notre retour d'Italie, et repartit bientôt pour son camp de Boulogne. Les fêtes de Milan ne l'avaient point empêché de suivre les plans de sa politique, et l'on se doutait bien que ce n'était pas sans raison qu'il avait crevé ses chevaux, depuis Turin jusqu'à Paris. Cette raison fut bientôt connue; l'Autriche était entrée secrètement dans la coalition' de la Russie et de l'Angleterre contre l'empereur. L'armée rassemblée au camp de Boulogne reçut l'ordre de marcher sur le Rhin, et Sa

Majesté partit pour rejoindre ses troupes, sur la fin de septembre. Selon sa coutume il ne nous fit connaître qu'une heure à l'avance l'instant du départ. C'était quelque chose de curieux que le contraste du bruit et de la confusion qui précédaient cet instant, avec le silence qui le suivait. A peine l'ordre était-il donné, que chacun s'occupait à la hâte des besoins du maître et des siens. On n'entendait que courses dans les corridors de domestisques allant et venant, bruit de caisses que l'on fermait, de coffres que l'on transportait. Dans les cours, grand nombre de voitures, de fourgons et d'hommes occupés à les garnir, éclairés par des flambeaux; partout des cris d'impatience et des juremens. Les femmes, chacune dans son appartement, s'occupaient tristement du départ d'un mari, d'un fils, d'un frère. Pendant tous ces préparatifs, l'empereur faisait ses adieux à sa majesté l'impératrice, ou prenait quelques instans de repos; à l'heure dite, il se levait, on l'habillait, et il montait en voiture. Une heure après, tout était muet dans le château; on n'apercevait plus que quelques personnes isolées passant comme des ombres; le silence avait succédé au bruit, la solitude au mouvement d'une cour brillante et nombreuse. Le lendemain au matin, on ne voyait que des femmes s'approchant les unes des autres, le

visage pâle, les yeux en larmes, pour se communiquer leur douleur et leur inquiétude. Bon nombre de courtisans qui n'étaient pas du voyage
arrivaient pour faire leur cour et restaient tout
stupéfaits de l'absence de Sa Majesté. C'était pour
eux comme si le soleil n'eût pas dû se lever ce
jour-là.

L'empereur alla sans s'arrêter jusqu'à Strasbourg ; le lendemain de son arrivée dans cette
ville, l'armée commença à défiler sur le pont de
Kehl.

Dès la veille de ce passage, l'empereur avait ordonné aux officiers généraux de se rendre sur les
bords du Rhin le jour suivant, à six heures précises
du matin. Une heure avant celle du rendez-vous,
Sa Majesté, malgré la pluie qui tombait en abon-
dance, s'était transportée seule à la tête du pont
pour s'assurer de l'exécution des ordres qu'elle
avait donnés. Elle reçut continuellement la pluie
jusqu'au moment du déploiement des premières
divisions qui s'avancèrent sur le pont, et il en était
tellement trempé, que les gouttes qui découlaient
de ses habits se réunissaient sous le ventre de son
cheval et y formaient une petite chute d'eau. Son
petit chapeau était si fort maltraité par la pluie,
que le derrière en retombait sur les épaules de
l'empereur, à peu près comme le grand feutre des

charbonniers de Paris. Les généraux qu'il attendait vinrent l'entourer; quand il les vit rassemblés il leur dit : « Tout va bien , Messieurs , voilà un nouveau » pas fait vers nos ennemis , mais où donc est Van- » damme ? Pourquoi n'est-il pas ici ? Serait-il mort ? » Personne ne disait mot : « Répondez-moi donc , » Messieurs , qu'est devenu Vandamme ? » Le géné- ral Chardon , général d'avant-garde très-aimé de l'empereur, lui répondit : « Je crois, Sire, que le » général Vandamme dort encore ; nous avons bu » ensemble hier soir une douzaine de bouteilles de » vin du Rhin , et sans doute..... — Il a bien fait de » boire, Monsieur , mais il a tort de dormir quand » je l'attends. » Le général Chardon se disposait à envoyer un aide-de-camp à son compagnon d'ar- mes, mais l'empereur le retint en lui disant : « Lais- » sons dormir Vandamme, plus tard je lui parlerai. » En ce moment le général Vandamme parut : « Eh! » vous voilà, Monsieur, il paraît que vous aviez ou- » blié l'ordre que j'ai donné hier.—Sire, c'est la pre- » mière fois que cela m'arrive, et...—Et pour éviter » la récidive, vous irez combattre sous les drapeaux » du roi de Wurtemberg; j'espère que vous donne- » rez aux Allemands des leçons de sobriété. » Le général Vandamme s'éloigna, non sans chagrin, et il se rendit à l'armée wurtembergeoise, où il fit des prodiges de valeur. Après la campagne , il revint auprès de l'empereur; sa poitrine était couverte de décorations, et il était porteur d'une lettre du roi de Wurtemberg à Sa Majesté, qui, après l'avoir lue, dit à Vandamme : « Général, n'oubliez jamais » que si j'aime les braves, je n'aime pas ceux qui » dorment quand je les attends. » Il serra la main du général et l'invita à déjeuner ainsi que le général Chardon, à qui cette rentrée en grâce faisait autant de plaisir qu'à son ami.

Avant d'entrer à Augsbourg l'empereur, qui était parti en avant, fit une si longue course que sa maison ne put le rejoindre. Il passa la nuit, sans suite et sans bagages, dans la maison la moins mauvaise d'un très-mauvais village. Lorsque nous atteignîmes Sa Majesté le lendemain, elle nous reçut en riant et en nous menaçant de nous faire relancer comme traîneurs par la gendarmerie.

D'Augsbourg l'empereur se rendit au camp devant Ulm, et fit des dispositions pour l'assaut de cette place.

A peu de distance de la ville, un combat terrible et opiniâtre s'engagea entre les Français et les Autrichiens, et il durait depuis deux heures, quand tout à coup on entendit des cris de *vive l'empe_reur !* Ce nom qui portait toujours la terreur dans les rangs ennemis, et qui encourageait partout nos soldats, les électrisa à tel point qu'ils culbutèrent les Autrichiens. L'empereur se montra sur la première ligne, criant en avant! et faisant signe aux soldats d'avancer. De temps en temps le cheval de Sa Majesté disparaissait au milieu de la fumée du canon. Durant cette charge furieuse, l'empereur se trouva près d'un grenadier blessé grièvement. Ce brave grenadier criait comme les autres « *en avant! en avant!* » L'empereur s'approcha de lui et lui jeta son manteau militaire en disant : « Tâche de me le rapporter, je te donnerai en » échange la croix que tu viens de gagner. » Le grenadier, qui se sentait mortellement blessé, répondit à Sa Majesté que le linceul qu'il venait de recevoir valait bien la décoration, et il expira enveloppé dans le manteau impérial.

Le combat terminé, l'empereur fit relever le grenadier, qui était un vétéran de l'armée d'Égypte, et voulut qu'il fût enterré dans son manteau.

Un autre militaire, non moins courageux que celui dont je viens de parler, reçut aussi de Sa Majesté des marques d'honneur. Le lendemain du combat devant Ulm, l'empereur visitant les ambulances, un canonnier de l'artillerie légère, qui n'avait plus qu'une cuisse, et qui criait de toutes ses forces : *vive l'empereur!* attira son attention. Il s'approcha du soldat et lui dit : « Est-ce donc là » tout ce que tu as à me dire? — Non, Sire, je

» puis aussi vous apprendre que j'ai à moi seul dé-
» monté quatre pièces de canon aux Autrichiens;
» et c'est le plaisir de les voir enfoncés qui me fait
» oublier que je vais bientôt tourner l'œil pour
» toujours. » L'empereur, ému de tant de fermeté,
donna sa croix au canonnier, prit le nom de ses
parens et lui dit : « Si tu en reviens, à toi l'hôtel
» des Invalides. — Merci, Sire, mais la saignée a
» été trop forte; ma pension ne vous coûtera pas
» bien cher; je vois bien qu'il faut descendre la
» garde, mais vive l'empereur quand même ! » Malheureusement ce brave homme ne sentait que trop
bien son état; il ne survécut pas à l'amputation de
sa cuisse.

Nous suivîmes l'empereur à Ulm, après l'occupation de cette place, et nous vîmes une armée
ennemie de plus de trente mille hommes mettre
bas les armes aux pieds de Sa Majesté, en défilant
devant elle; je n'ai jamais rien vu de plus imposant
que ce spectacle. L'empereur était à cheval, quelques pas en avant de son état-major. Son visage était
calme et grave, mais sa joie perçait malgré lui
dans ses regards. Il levait à chaque instant son
chapeau, pour rendre le salut aux officiers supérieurs de la division autrichienne.

Lorsque la garde impériale entra dans Augsbourg, quatre-vingts grenadiers marchaient en

tête des colonnes, portant chacun un drapeau ennemi. L'empereur, arrivé à Munich, fut accueilli
avec les plus grandes attentions par l'électeur de
Bavière, son allié. Sa Majesté alla plusieurs fois au
spectacle et à la chasse, et donna un concert aux
dames de la cour. Ce fut, comme on l'a su depuis,
pendant le séjour de l'empereur à Munich que
l'empereur Alexandre et le roi de Prusse, se pro-
mirent à Postdam, sur le tombeau de Frédéric II,
de réunir leurs efforts contre Sa Majesté. Un an
après, l'empereur Napoléon fit aussi une visite au
tombeau du grand Frédéric.

La prise d'Ulm avait achevé la défaite des Autrichiens et ouvert à l'empereur les portes de
Vienne; mais les Russes s'avançaient à marches
forcées au secours de leurs alliés. Sa Majesté se
porta à leur rencontre; et le 1er décembre, les
deux armées ennemies se trouvèrent en face l'une
de l'autre. Par un de ces hasards qui n'étaient faits
que pour l'empereur, le jour de la bataille d'Austerlitz était aussi le jour anniversaire du couronnement.

Je ne sais plus pourquoi il n'y avait pas à Austerlitz de tente pour l'empereur; les soldats lui avaient
dressé avec des branches une espèce de baraque,
avec une ouverture dans le haut pour le passage
de la fumée. Sa Majesté n'avait pour lit que de la

paille; mais elle était si fatiguée, la veille de la bataille, après avoir passé la journée à cheval sur les hauteurs du Santon, qu'elle dormait profondément quand le général Savary, un de ses aides-de-camp, entra pour lui rendre compte d'une mission dont il avait été chargé. Le général fut obligé de toucher l'épaule de l'empereur et de le pousser pour l'éveiller. Alors il se leva et remonta à cheval pour visiter ses avant-postes. La nuit était profonde, mais tout à coup le camp se trouva illuminé comme par enchantement. Chaque soldat mit une poignée de paille au bout de sa baïonnette, et tous ces brandons se trouvèrent allumés en moins de temps qu'il n'en faut pour l'écrire. L'empereur parcourut à cheval toute sa ligne, adressant la parole aux soldats qu'il reconnaissait. « Soyez de- » main, mes braves, tels que vous avez toujours » été, leur disait-il, et les Russes sont à nous, » nous les tenons! » L'air retentissait des cris de *vive l'empereur!* et il n'y avait officier ni soldat qui ne comptât pour le lendemain sur une victoire.

Sa Majesté, en visitant la ligne d'attaque où les vivres manquaient depuis quarante-huit heures, (car on n'avait distribué dans cette journée qu'un pain de munition pour huit hommes), vit, en passant de bivouac en bivouac, des soldats occupés à faire cuire des pommes de terre sous la cendre. Se trouvant devant le 4ᵉ régiment de ligne dont son frère était colonel, l'empereur dit à un grenadier du 2ᵉ bataillon, en prenant et mangeant une des pommes de terre de l'escouade : « Es-tu con-» tent de ces pigeons-là ? — Hum ! çà vaut toujours » mieux que rien ; mais ces pigeons-là, c'est bien » de la viande de carême. — Eh bien, mon vieux, » reprit Sa Majesté en montrant aux soldats les feux de l'ennemi, « aide-moi à débusquer ces b......-là, » et nous ferons le mardi-gras à Vienne. »

L'empereur revint, se recoucha et dormit jusqu'à trois heures du matin. Le service était rassemblé autour d'un feu de bivouac, près de la baraque de Sa Majesté ; nous étions couchés sur la terre, enveloppés dans nos manteaux, car la nuit était des plus froides. Depuis quatre jours je n'avais pas fermé l'œil, et je commençais à m'endormir quand, sur les trois heures, l'empereur me fit demander du punch ; j'aurais donné tout l'empire d'Autriche pour reposer une heure de plus. Je portai à Sa Majesté le punch que je fis au feu du bivouac ; l'empereur en fit prendre au maréchal Berthier, et je partageai le reste avec ces messieurs du service. Entre quatre et cinq heures, l'empereur ordonna les premiers mouvemens de son armée. Tout le monde fut sur pied en peu d'instans et chacun à son poste; dans toutes les directions on voyait galoper les aides-de-camp et les officiers d'ordonnance, et au jour la bataille commença.

Je n'entrerai dans aucun détail sur cette glorieuse journée qui, suivant l'expression de l'empereur lui-même, *termina la campagne par un coup de tonnerre.* Pas une des combinaisons de Sa Majesté n'échoua, et en quelques heures les Français furent maîtres du champ de bataille et de l'Allemagne tout entière. Le brave général Rapp fut blessé à Austerlitz, comme dans toutes les batailles où il a figuré. On le transporta au château d'Austerlitz, et le soir, l'empereur alla le voir et causa quelque temps avec lui. Sa Majesté passa elle-même la nuit dans ce château.

Deux jours après, l'empereur François vint trouver Sa Majesté et lui demander la paix. Avant la fin de décembre un traité fut conclu, d'après lequel l'électeur de Bavière et le duc de Wurtemberg, alliés fidèles de l'empereur Napoléon, furent créés rois. En retour de cette élévation dont elle était l'unique auteur, Sa Majesté demanda et obtint pour le prince Eugène, vice-roi d'Italie, la main de la princesse Auguste-Amélie de Bavière.

Pendant son séjour à Vienne, l'empereur avait établi son quartier-général à Schœnbrunn, dont le

nom est devenu célèbre par plusieurs séjours de
Sa Majesté, et qui, dit-on, est encore aujourd'hui,
par une singulière destinée, la résidence de son
fils.

Je ne saurais assurer si ce fut pendant ce premier
séjour à Schœnbrunn que l'empereur fit la rencontre extraordinaire que je vais rapporter. Sa
Majesté, en costume de colonel des chasseurs de la
garde, montait tous les jours à cheval. Un matin
qu'il se promenait sur la route de Vienne, il vit
arriver dans une voiture ouverte un ecclésiastique et une femme baignée de larmes qui ne le
reconnut pas. Napoléon s'approcha de la voiture,
salua cette dame, et s'informa de la cause de son
chagrin, de l'objet et du but de son voyage.
« Monsieur, répondit-elle, j'habitais dans un vil-
» lage à deux lieues d'ici, une maison qui a été pillée
» par des soldats, et mon jardinier a été tué. Je
» viens demander une sauve-garde à votre em-
» pereur qui a beaucoup connu ma famille, à
» laquelle il a de grandes obligations. — Quel est
» votre nom, madame ? — De Bunny ; je suis fille de
» M. de Marbœuf, ancien gouverneur de la Corse.
» — Je suis charmé, madame, reprit Napoléon,
» de trouver une occasion de vous être agréable.
» C'est moi qui suis l'empereur. » Madame de Bunny
resta tout interdite. Napoléon la rassura et con-

tinua son chemin en la priant d'aller l'attendre à son quartier-général. A son retour, il la reçut et la traita à merveille, lui donna pour escorte un piquet de chasseurs de sa garde, et la congédia heureuse et satisfaite.

Dès que la bataille d'Austerlitz avait été gagnée, l'empereur s'était empressé d'envoyer en France le courrier Moustache, pour en annoncer la nouvelle à l'impératrice. Sa Majesté était au château de Saint-Cloud. Il était neuf heures du soir, lorsqu'on entendit tout à coup pousser de grands cris de joie, et le bruit d'un cheval qui arrivait au galop. Le son des grelots et les coups répétés du fouet annonçaient un courrier. L'impératrice, qui attendait avec une vive impatience des nouvelles de l'armée, s'élance vers la fenêtre et l'ouvre précipitamment. Les mots de *victoire* et d'*Austerlitz* frappent son oreille. Impatiente de savoir les détails, elle descend sur le perron, suivie de ses dames. Moustache lui apprend de vive voix la grande nouvelle, et remet à Sa Majesté la lettre de l'empereur. Joséphine, après l'avoir lue, tira un superbe diamant qu'elle avait au doigt, et le donna au courrier. Le pauvre Moustache avait fait au galop plus de cinquante lieues dans la journée, et il était tellement harassé qu'on fut obligé de l'enlever de dessus son cheval. Il fallut quatre personnes pour procéder à cette opération, et le transporter dans un lit. Son dernier cheval, qu'il avait sans doute encore moins ménagé que les autres, tomba mort dans la cour du château.

CHAPITRE XII.

l'empereur par Saint-Cloud, au retour d'Austerlitz. — M. Barré, maire de Saint-Cloud. — L'arc *barré* et *la plus dormeuse* des communes. — M. le prince de Talleyrand et les lits de Saint-Cloud. — Singulier caprice de l'empereur. — Petite révolution au château. — Les manies des souverains sont épidémiques.

L'EMPEREUR ayant quitté Stuttgard, ne s'arrêta que vingt-quatre heures à Carlsruhe, et quarante-huit heures à Strasbourg; de là jusqu'à Paris il ne fit que des haltes assez courtes, sans se presser toutefois, et sans demander aux postillons cette rapidité extrême qu'il avait coutume d'en exiger.

Pendant que nous montions la côte de Meaux, et que l'empereur lui-même, fortement occupé de la lecture d'un livre qu'il avait dans les mains, ne faisait aucune attention à ce qui se passait sur la route, une jeune fille se précipita sur la portière de Sa Majesté, s'y cramponna malgré les efforts, assez faibles à la vérité, que les cavaliers de l'escorte tentèrent pour l'éloigner, l'ouvrit et se jeta dans la voiture de l'empereur. Tout cela fut fait en moins de temps que je n'en mets à le dire. L'empereur, on ne peut plus surpris, s'écria :

« Que diable me veut cette folle ? » Puis reconnaissant la jeune demoiselle après avoir mieux examiné ses traits, il ajouta avec une humeur bien prononcée : « Ah! c'est encore vous! vous ne me » laisserez donc jamais tranquille ? » La jeune fille, sans s'effrayer de ce rude accueil, mais non sans verser beaucoup de larmes, dit que la seule grâce qu'elle était venue implorer pour son père était qu'on le changeât de prison, et qu'il fût transporté du château d'If, où l'humidité détruisait sa santé, à la citadelle de Strasbourg. « Non, non, » s'écria l'empereur, n'y comptez pas. J'ai bien » autre chose à faire que de recevoir vos visites. » Que je vous accorde encore cette demande, et » dans huit jours vous en aurez imaginé quel- » qu'autre. » La pauvre demoiselle insista avec une fermeté digne d'un meilleur succès; mais l'empereur fut inflexible. Arrivé au haut de la côte, il dit à la jeune fille : « J'espère que vous allez des- » cendre, et me laisser poursuivre mon chemin. » J'en suis bien fâché, mais ce que vous me de- » mandez est impossible. » Et il la congédia sans vouloir l'entendre plus long-temps.

Pendant que cela se passait, je montais la côte à pied, à quelques pas de la voiture de Sa Majesté, et lorsque, cette désagréable scène étant terminée, la jeune personne, forcée de s'éloigner sans avoir rien obtenu, passa devant moi en sanglotant, je reconnus mademoiselle de Lajolais, que j'avais déjà vue dans une circonstance semblable, mais où sa courageuse tendresse pour ses parens avait été suivie d'une meilleure réussite.

Le général de Lajolais avait été arrêté, ainsi que toute sa famille, au 18 fructidor. Après avoir subi une détention de vingt-huit mois, il avait été jugé à Strasbourg par un conseil de guerre, sur l'ordre qu'en donna le premier consul, et acquitté à l'unanimité.

Plus tard, lorsqu'éclata la conjuration des généraux Pichegru, Moreau, George Cadoudal, et de MM. de Polignac, de Rivière, etc., le général de Lajolais, qui en faisait partie, fut condamné à mort avec eux ; sa femme et sa fille furent transférées de Strasbourg à Paris par la gendarmerie. Madame de Lajolais fut mise au secret le plus rigoureux ; et sa fille, séparée d'elle, se réfugia chez des amis de sa famille. C'est alors que cette jeune personne, âgée à peine de quatorze ans, déploya un courage et une force de caractère inconnus dans un âge aussi tendre. Lorsqu'elle apprit la condamnation à mort de son père, elle partit à quatre heures du matin, sans avoir fait part de sa résolution à personne, seule, à pied, sans guide, sans introducteur, et se présenta tout en

larmes au château de Saint-Cloud, où était l'empereur. Ce ne fut pas sans beaucoup de peine qu'elle parvint à en franchir l'entrée; mais elle ne se laissa rebuter par aucun obstacle, et arriva jusqu'à moi. « Monsieur, me dit-elle, on m'a promis
» que vous me conduiriez tout de suite à l'empe-
» reur (je ne sais qui lui avait fait ce conte); je ne vous
» demande que cette grâce, ne me la refusez pas, je
» vous en supplie! » Touché de sa confiance et de son désespoir, j'allai prévenir sa majesté l'impératrice.

Celle-ci, tout émue de la résolution et des larmes d'une enfant si jeune, n'osa pourtant pas lui prêter sur-le-champ son appui, dans la crainte de réveiller la colère de l'empereur, qui était grande contre ceux qui avaient trempé dans la conspiration. L'impératrice m'ordonna de dire à la jeune de Lajolais qu'elle était désolée de ne pouvoir rien faire pour elle en ce moment; mais qu'elle eût à revenir à Saint-Cloud le lendemain à cinq heures du matin; qu'elle et la reine Hortense aviseraient au moyen de la placer sur le passage de l'empereur. La jeune fille revint le jour suivant à l'heure indiquée. Sa majesté l'impératrice la fit placer dans le salon vert. Là elle épia pendant dix heures le moment où l'empereur, sortant du conseil, traverserait cette salle pour passer dans son cabinet.

L'impératrice et son auguste fille donnèrent des ordres pour qu'on lui servît à déjeuner et ensuite à dîner ; elles vinrent elles-mêmes la prier de prendre quelque nourriture, mais leurs instances furent inutiles. La pauvre enfant n'avait pas d'autre pensée ni d'autre besoin que d'obtenir la vie de son père. Enfin à cinq heures après midi l'empereur parut ; sur un signe que l'on fit à mademoiselle de Lajolais pour lui montrer l'empereur, qu'entouraient quelques conseillers d'état et des officiers de sa maison, elle s'élança vers lui ; c'est alors qu'eut lieu une scène déchirante qui dura fort long-temps. La jeune fille se traînait aux genoux de l'empereur, le conjurant, les mains jointes et dans les termes les plus touchans, de lui accorder la grâce de son père. L'empereur commença d'abord par la repousser et lui dire du ton le plus sévère : « Votre père est un traître, c'est la » seconde fois qu'il se rend coupable envers l'état, » je ne puis rien vous accorder. » Mademoiselle de Lajolais répondit à cette sortie de Sa Majesté : « La » première fois, mon père a été jugé et reconnu » innocent ; cette fois-ci c'est sa grâce que j'im- » plore ! » Enfin l'empereur, vaincu par tant de courage et de dévouement, et un peu fatigué d'ailleurs d'une séance que la persévérance de la jeune fille semblait encore disposée à prolonger, céda à ses prières, et la vie du général de Lajolais fut sauvée.

Epuisée de fatigue et de faim, sa fille tomba sans connaissance aux pieds de l'empereur; il la releva lui-même, lui fit donner des soins, et la présentant aux personnes témoins de cette scène, il la combla d'éloges pour sa piété filiale.

Sa Majesté donna ordre aussitôt qu'on la reconduisît à Paris, et plusieurs officiers supérieurs se disputèrent le plaisir de l'accompagner. Les généraux Wolff, aide-de-camp du prince Louis, et Lavalette, furent chargés de ce soin, et la conduisirent à la Conciergerie auprès de son père. Entrée dans son cachot, elle se précipita à son cou pour lui annoncer la grâce qu'elle venait d'arracher, mais accablée par tant d'émotions elle fut hors d'état de prononcer une seule parole, et ce fut le général Lavalette qui annonça au prisonnier ce qu'il devait à la courageuse persistance de sa fille... Le lendemain, elle obtint par l'impératrice Joséphine la liberté de sa mère qui devait être déportée *.

---

* On sait que la peine du général de Lajolais fut commuée en quatre années de détention, dans une prison d'état ; que ses biens furent confisqués et vendus, et qu'il mourut au château d'If, bien au delà du terme marqué pour l'expiration de sa captivité.

(Note de l'éditeur.)

Après avoir obtenu la vie de son père et la liberté de sa mère, comme je viens de le rapporter, mademoiselle de Lajolais voulut encore travailler à sauver leurs compagnons d'infortune condamnés à mort. Elle se joignit aux dames bretonnes, que le succès qu'elle avait déjà obtenu avait engagées à solliciter sa coopération, et elle courut avec elles à la Malmaison pour demander ces nouvelles grâces.

Ces dames avaient obtenu que l'exécution des condamnés fût retardée de deux heures; elles espéraient que l'impératrice Joséphine pourrait fléchir l'empereur; mais il fut inflexible, et cette généreuse tentative resta sans succès. Mademoiselle de Lajolais revint à Paris avec la douleur de n'avoir pu arracher quelques malheureux de plus aux rigueurs de la loi.

J'ai déjà dit deux choses que je me crois obligé de rappeler en cet endroit : la première, c'est que, loin de m'assujettir à rapporter les événemens dans leur ordre chronologique, je les écrirais à mesure qu'ils viendraient s'offrir à ma mémoire; la seconde, c'est que je considère comme une obligation et un devoir pour moi de raconter tous les actes de l'empereur qui peuvent servir à le faire mieux connaître, et qui ont été oubliés, soit involontairement, soit à dessein, par ceux qui ont écrit sa vie. Je crains peu que l'on m'accuse sur ce point de monotonie, et que l'on m'adresse le reproche de ne faire qu'un panégyrique; mais si cela arrivait à quelqu'un, je dirais : Tant pis pour qui s'ennuie au récit des bonnes actions! Je me suis engagé à dire la vérité sur l'empereur, en bien comme en mal; tout lecteur qui s'attend à ne trouver dans mes mémoires que du mal sur le compte de l'empereur, comme celui qui s'attendrait à n'y trouver que du bien, fera sagement de ne pas aller plus loin, car j'ai fermement résolu de raconter tout ce que je sais. Ce n'est pas ma faute si les bienfaits accordés par l'empereur ont été tellement nombreux que mes récits devront souvent tourner à sa louange.

J'ai cru bon de faire ces courtes observations avant de rapporter ici une autre grâce accordée par Sa Majesté à l'époque du couronnement, et que l'aventure de mademoiselle de Lajolais m'a rappelée.

Le jour de la première distribution dans l'église des Invalides de la décoration de la Légion-d'Honneur, et au moment où, cette imposante cérémonie étant terminée, l'empereur allait se retirer, un très-jeune homme vint se jeter à genoux sur les marches du trône en criant : *Grâce! grâce pour mon père!* Sa Majesté, touchée de sa physionomie intéressante et de sa profonde émotion, s'approcha de lui et voulut le relever; mais le jeune homme se refusait à changer d'attitude, et répétait sa demande d'un ton suppliant. « Quel est le » nom de votre père? » lui demanda l'empereur. — « Sire, répondit le jeune homme pouvant à » peine se faire entendre, il s'est fait assez connaî- » tre, et les ennemis de mon père ne l'ont que » trop calomnié auprès de Votre Majesté; mais je » jure qu'il est innocent. Je suis le fils de Hugues » Destrem. — Votre père, Monsieur, s'est grave- » ment compromis par ses liaisons avec des fac- » tieux incorrigibles; mais j'aurai égard à votre de- » mande. M. Destrem est heureux d'avoir un fils » qui lui est si dévoué. » Sa Majesté ajouta encore quelques paroles consolantes, et le jeune homme se retira avec la certitude que son père serait gracié. Malheureusement le pardon accordé par l'empereur arriva trop tard: M. Hugues Destrem, qui avait été transporté à l'île d'Oléron après l'attentat du 3 nivôse, auquel il n'avait pourtant pris aucune part, mourut dans cet exil, avant d'avoir reçu la nouvelle que les sollicitations de son fils avaient obtenu un plein succès.

A notre retour de la glorieuse campagne d'Austerlitz, la commune de Saint-Cloud, si favorisée par le séjour de la cour, avait décidé qu'elle se distinguerait dans cette circonstance, et s'efforcerait de prouver tout son amour pour l'empereur.

Le maire de Saint-Cloud était M. Barré, homme d'une instruction parfaite et d'une grande bonté; Napoléon l'estimait particulièrement, et aimait à s'entretenir avec lui; aussi fut-il sincèrement regretté de ses administrés, quand la mort le leur enleva.

M. Barré fit élever un arc de triomphe simple, mais noble et de bon goût, au bas de l'avenue qui conduit au palais; on le décora de l'inscription suivante :

A SON SOUVERAIN CHÉRI

LA PLUS HEUREUSE DES COMMUNES.

Le soir où l'on attendait l'empereur, M. le maire et ses adjoints, avec la harangue obligée, passèrent une partie de la nuit au pied du monument. M. Barré, qui était vieux et valétudinaire, se retira, mais non sans avoir placé en sentinelle un de ses administrés qui devait l'aller prévenir de la venue du premier courrier. On fit poser une échelle en travers de l'arc de triomphe pour que personne n'y pût passer avant Sa Majesté. Malheureusement l'argus municipal vint à s'endormir : l'empereur arrive sur le matin et passe à côté de l'arc de triomphe, en riant beaucoup de l'obstacle qui l'empêchait de jouir de l'honneur insigne que lui avaient préparé les bons habitans de Saint-Cloud.

Le jour même de l'événement, on fit courir dans le palais un petit dessin représentant les autorités endormies auprès du monument. On n'avait eu garde d'oublier l'échelle qui barrait le passage; on lisait au-dessous *l'arc barré*, par allusion au nom du maire. Quant à l'inscription, on l'avait travestie de cette manière :

A SON SOUVERAIN CHÉRI

LA PLUS DORMEUSE DES COMMUNES.

Leurs Majestés s'amusèrent beaucoup de cette plaisanterie.

La cour étant à Saint-Cloud, l'empereur, qui avait travaillé fort tard avec M. de Talleyrand, invita ce dernier à coucher au château. Le prince, qui aimait mieux retourner à Paris, refusa, donnant pour excuse que les lits avaient une odeur fort désagréable. Il n'en était pourtant rien, et on avait, comme on peut aisément le croire, le plus grand soin du mobilier, tant au garde-meuble que dans les différens palais impériaux. Le motif assigné par M. de Talleyrand avait été donné par hasard; il aurait pu tout aussi bien en assigner un autre. Néanmoins l'observation frappa l'empereur, et le soir, en entrant dans sa chambre, il se plaignit que son lit sentait mauvais. Je l'assurai du contraire, en promettant à Sa Majesté que le lendemain elle serait convaincue de son erreur. Mais loin d'être persuadé, l'empereur, à son lever, répéta que son lit avait une odeur fort désagréable et qu'il fallait absolument le changer. Sur-le-champ on appela M. Charvet, concierge du palais, à qui Sa Majesté se plaignit de son lit et ordonna d'en faire apporter un autre. M. Desmasis, conservateur du garde-meuble, fut aussi mandé ; il examine matelas, lits de plume et couvertures, les tourne et retourne en tout sens ; d'autres personnes en font autant, et chacun demeure convaincu que le lit de Sa Majesté ne répandait aucune odeur. Malgré tant de témoignages, l'empepereur, non parce qu'il tenait à honneur de n'avoir pas le démenti de ce qu'il avait avancé, mais seulement par suite d'un caprice auquel il était assez sujet, persista dans sa première idée et exigea que son coucher fût changé. Voyant qu'il fallait obéir, j'envoyai le coucher aux Tuileries et fis apporter le lit de Paris au château de Saint-Cloud. L'empereur applaudit à ce changement, et quand il fut revenu aux Tuileries, il ne s'aperçut pas de l'échange et trouva très-bon son coucher dans ce château. Ce qu'il y eut de plus plaisant, c'est que les dames du palais ayant appris que l'empereur s'était plaint de son lit, trouvèrent aux leurs une odeur insupportable. Il fallut tout bouleverser, et cela fit une petite révolution. Les caprices des souverains ont quelque chose d'épidémique.

CHAPITRE XIII.

Liaisons secrètes de l'empereur. — Quelle est, selon l'empereur, la conduite d'un honnête homme. — Ce que Napoléon entendait par *immoralité*. — Tentations des souverains. — Discrétion de l'empereur. — Jalousie de Joséphine. — Madame Gazani. — Rendez-vous dans l'ancien appartement de M. de Bourrienne. — L'empereur en tête à tête *avec un ministre*. — Soupçons et agitation de l'impératrice. — Ma consigne me force à mentir. — L'impératrice plaidant à mes dépens le faux pour savoir le vrai. — Petite réprimande adressée à mon sujet par l'emperenr à l'impératrice. — Je suis justifié.—Bouderie passagère. —Durée de la liaison de l'empereur avec madame Gazani. — Madame de Rémusat dame d'honneur de l'impératrice. — Expédition nocturne de Joséphine et de madame de Rémusat.—Ronflement formidable. — Terreur panique et fuite précipitée. — Larmes et rire fou. — L'allée des Veuves.— L'empereur en bonnes fortunes. — Le prince Murat et moi nous l'attendons à la porte de......... — Inquiétude de Murat. — Mot *impérial* de Napoléon. — Les pourvoyeurs officieux. — Je suis sollicité par certaines dames. — Ma répugnance pour les marchés clandestins. — Anciennes attributions du premier valet de chambre, non rétablies par l'empereur. — Complaisance d'un général. — Résistance d'une dame *après* son mariage.

Sa Majesté avait coutume de dire que l'on reconnaissait un honnête homme à sa conduite envers sa femme, ses enfans et ses domestiques, et j'espère qu'il ressortira de ces mémoires que l'empereur, sous ces divers rapports, avait la conduite d'un honnête homme, telle qu'il la définissait. Il disait encore que l'immoralité était le vice le plus dangereux dans un souverain, parce qu'il faisait loi pour les sujets. Ce qu'il entendait par *immoralité*, c'était sans doute une publicité scandaleuse donnée à des liaisons qui devraient toujours rester secrètes : car pour ces liaisons en elles-mêmes, il ne les repoussait pas plus qu'un autre lorsqu'elles venaient se jeter à sa tête. Peut-être tout autre, dans la même position que lui, entouré de séductions, d'attaques et d'avances de toute espèce, aurait moins souvent encore résisté à la tentation. Pourtant à Dieu ne plaise que je veuille prendre ici la defense de Sa Majesté sous ce rapport; je conviendrai même, si l'on veut, que sa conduite n'offrait pas l'exemple de l'accord le plus parfait avec la morale de ses discours; mais on avouera aussi que c'était beaucoup, pour un souverain, de cacher avec le plus grand soin ses distractions au public, pour qui elles auraient été un sujet de scandale, ou, qui pis est, d'imitation, et à sa femme, qui en aurait éprouvé le plus violent chagrin. Voici, sur ce chapitre délicat, deux ou trois anecdotes qui me reviennent maintenant à l'esprit, et qui sont, je crois, à peu près de l'époque à laquelle ma narration est parvenue.

L'impératrice Joséphine était jalouse, et malgré la prudence dont usait l'empereur dans ses liaisons secrètes, elle n'était pas sans être quelquefois informée de ce qui se passait.

L'empereur avait connu à Gênes madame Gazani, fille d'une danseuse italienne, et il continuait de la recevoir à Paris. Un jour qu'il avait rendez-vous avec cette dame dans les petits appartemens, il m'ordonna de rester dans sa chambre, et de répondre aux personnes qui le demanderaient, fût-ce même Sa Majesté l'impératrice, qu'il travaillait dans son cabinet avec un ministre.

Le lieu de l'entrevue était l'ancien appartement occupé par M. de Bourrienne, dont l'escalier donnait dans la chambre à coucher de Sa Majesté. Cet appartement avait été arrangé et décoré fort simplement; il avait une seconde sortie sur l'escalier, dit l'escalier noir, parce qu'il était sombre et peu éclairé. C'était par là qu'entrait madame Gazani. Quant à l'empereur, il allait la trouver par la première issue. Il y avait peu d'instans qu'ils étaient réunis, quand l'impératrice entra dans la chambre de l'empereur, et me demanda ce que faisait son époux. « Madame, l'empereur est fort occupé en » ce moment; il travaille dans son cabinet avec un » ministre. — Constant, je veux entrer. — Cela » est impossible, madame, j'ai reçu l'ordre formel » de ne pas déranger Sa Majesté, pas même pour » Sa Majesté l'impératrice. » Là dessus, celle-ci s'en retourna mécontente et même courroucée. Au bout d'une demi-heure, elle revint, et comme elle renouvela sa demande, il me fallut bien renouveler ma réponse. J'étais désolé de voir le chagrin de Sa Majesté l'impératrice, mais je ne pouvais manquer à ma consigne. Le même soir, à son coucher, l'empereur me dit, d'un ton fort sévère, que l'impératrice lui avait assuré tenir de moi que, lorsqu'elle etait venue le demander, il était enfermé avec une dame. Je répondis à l'empereur, sans me troubler, que certainement il ne pouvait croire cela. « Non, » reprit Sa Majesté, revenant au ton amical dont » elle m'honorait habituellement, je vous connais » assez pour être assuré de votre discrétion ; mais » malheur aux sots qui bavardent, si je parviens à » les découvrir. » Au coucher du lendemain, l'impératrice entra comme l'empereur se mettait au lit, et Sa Majesté lui dit devant moi : « C'est fort » mal, Joséphine, de prêter des mensonges à ce » pauvre Constant ; il n'était pas homme à vous » faire un conte comme celui que vous m'avez rap-» porté. » L'impératrice s'assit sur le bord du lit, se prit à rire, et mit sa jolie petite main sur la bouche de son mari. Comme il était question de moi, je me retirai. Pendant quelques jours, Sa Majesté l'impératrice fut froide et sévère envers moi ; mais comme cela lui était peu naturel, elle reprit bientôt cet air de bonté qui lui gagnait tous les cœurs.

Quant à la liaison de l'empereur avec madame Gazani, elle dura à peu près un an ; encore les rendez-vous n'avaient lieu qu'à des époques assez éloignées.

Le trait de jalousie suivant ne m'est pas aussi personnel que celui que je viens de citer.

Madame de R***, femme d'un de messieurs les préfets du palais, et celle de ses dames d'honneur que Sa Majesté l'impératrice aimait le plus, la trouva un soir tout en larmes et désespérée. Madame de R*** attendit en silence que Sa Majesté daignât lui apprendre la cause de ce violent chagrin. Elle n'attendit pas long-temps. A peine était-elle entrée dans le salon, que Sa Majesté s'écria : « Je » suis sûre qu'il est maintenant couché avec une » femme. Ma chère amie, ajouta-t-elle conti- » nuant de pleurer, prenez ce flambeau et allons » écouter à sa porte : nous entendrons bien. » Madame de R*** fit tout ce qu'elle put pour la dissua- der de ce projet ; elle lui représenta l'heure avancée, l'obscurité du passage, le danger qu'elles couraient d'être surprises ; mais tout fut inutile. Sa Majesté lui mit le flambeau dans la main en lui disant : « Il » faut absolument que vous m'accompagniez. Si » vous avez peur, je marcherai devant vous. » Madame de R*** obéit, et voilà les deux dames s'avan- çant sur la pointe du pied dans le corridor, à la lueur d'une seule bougie que l'air agitait. Arrivées à la porte de l'antichambre de l'empereur, elles s'arrêtent, respirant à peine, et l'impératrice tourne doucement le bouton. Mais au moment où elle met le pied dans l'appartement, Roustan qui y couchait, et qui était profondément endormi, poussa un ronflement formidable et prolongé. Ces dames n'avaient pas pensé apparemment qu'il se trouverait là, et madame de R*** s'imaginant le voir déjà sautant à bas du lit, le sabre et le pistolet au poing, tourne les talons et se met à courir de toutes ses forces, son flambeau à la main, vers l'appartement de l'impératrice, laissant celle-ci dans la plus complète obscurité. Elle ne reprit haleine que dans la chambre à coucher de l'impératrice, et ce ne fut aussi que là qu'elle se souvint que celle-ci était restée sans lumière dans les corridors. Madame de R*** allait retourner à sa rencontre, lorsqu'elle la vit revenir se tenant les côtés de rire, et parfaitement consolée de son chagrin par cette burlesque aventure. Madame de R*** cherchait à s'excuser: «Ma chère amie, lui dit Sa » Majesté, vous n'avez fait que me prévenir. Ce » butor de Roustan m'a fait une telle peur, que je » vous aurais donné l'exemple de la fuite, si vous » n'aviez pas été encore un peu plus poltronne » que moi. »

Je ne sais ce que ces dames auraient découvert si le courage ne leur eût manqué avant d'avoir mené à fin leur expédition; rien du tout, peut-être, car l'empereur ne recevait que rarement aux Tuileries la personne dont il était épris pour le moment. On a vu que, sous le consulat, il donnait ses rendez-vous dans une petite maison de l'allée des Veuves. Empereur, c'était encore hors du château qu'avaient lieu ses entrevues amoureuses. Il s'y rendait incognito la nuit, et s'exposait à toutes les chances que court un homme à bonnes fortunes.

Un soir, entre onze heures et minuit, l'empereur me fait appeler, demande un frac noir et un chapeau rond, et m'ordonne de le suivre. Nous montons, le prince Murat troisième, dans une voiture de couleur sombre; César conduisait. Il n'y avait qu'un seul laquais pour ouvrir la portière, et tous deux étaient sans livrée. Après une petite course dans Paris, l'empereur fit arrêter dans la rue de... Il descendit, fit quelques pas en avant, frappa à une porte cochère et entra seul dans un hôtel. Le prince et moi étions restés dans la voiture. Des heures se passèrent, et nous commençâmes à nous inquiéter. La vie de l'empereur avait été assez souvent menacée pour qu'il ne fût que trop naturel de craindre quelque nouveau piége ou quelque surprise. L'imagination fait du chemin lorsqu'elle est poursuivie par de telles craintes. Le prince Murat

jurait et maudissait énergiquement tantôt l'imprudence de Sa Majesté, tantôt sa galanterie, tantôt
la dame et ses complaisances. Je n'étais pas plus
rassuré que lui, mais, plus calme, je cherchais à la
calmer. Enfin, ne pouvant plus résister à son impatience, le prince s'élance hors de la voiture, je le
suis, et il avait la main sur le marteau de la porte
lorsque l'empereur en sortit. Il était déjà grand
jour. Le prince lui fit part de nos inquiétudes et
des réflexions que nous avions faites sur sa témérité.
« Quel enfantillage! dit là-dessus Sa Majesté, qu'a-
» viez-vous tant à craindre? partout où je suis, ne
» suis-je pas chez moi? »

C'était bien volontairement que quelques habitués de la cour s'empressaient de parler à l'empereur de jeunes et jolies personnes qui désiraient
être connues de lui, car il n'était nullement dans
son caractère de donner de pareilles commissions.
Je n'étais pas assez grand seigneur pour trouver un
tel emploi honorable; aussi n'ai-je jamais voulu me
mêler des affaires de ce genre. Ce n'est pourtant
pas faute d'avoir été indirectement sondé, ou même
ouvertement sollicité par certaines dames qui am-
bitionnaient le titre de favorites, quoique ce titre
ne donnât que fort peu de droits et de priviléges auprès de l'empereur; mais encore une fois je n'entrais point dans de tels marchés; je me contentais

de m'occuper des devoirs que m'imposait ma place, non d'autre chose; et quoique Sa Majesté prît plaisir à ressusciter les usages de l'ancienne monarchie, les secrètes attributions du premier valet de chambre ne furent point rétablies, et je me gardai bien de les réclamer.

Assez d'autres (non des valets de chambre) étaient moins scrupuleux que moi. Le général L.... parla un jour à l'empereur d'une demoiselle fort jolie, dont la mère tenait une maison de jeu, et qui désirait lui être présentée. L'empereur la reçut une seule fois. Peu de jours après elle fut mariée. A quelque temps de là, Sa Majesté voulut la revoir et la redemanda. Mais la jeune femme répondit qu'elle ne s'appartenait plus, et elle se refusa à toutes les instances, à toutes les offres qui lui furent faites. L'empereur n'en parut nullement mécontent; il loua au contraire madame D..... de sa fidélité à ses devoirs et approuva fort sa conduite.

Son altesse impériale la princesse Murat avait, en 1804, dans sa maison, une jeune lectrice, mademoiselle E..... Elle était grande, svelte, bien faite, brune avec de beaux yeux noirs, vive et fort coquette, et pouvait avoir de dix-sept à dix-huit ans. Quelques personnes qui croyaient avoir intérêt à éloigner Sa Majesté de l'impératrice sa femme, remarquèrent avec plaisir la disposition de la lectrice à essayer le pouvoir de ses œillades sur l'empereur, et celle de ce dernier à s'y laisser prendre. Elles attisèrent adroitement le feu, et ce fut une d'elles qui se chargea de toute la diplomatie de cette *af-faire*. Des propositions faites par un tiers furent sur-le-champ acceptées. La belle E.... vint au château, en secret, mais rarement, et elle n'y passait que deux ou trois heures. Elle devint grosse. L'empereur fit louer pour elle, rue Chantereine, un hôtel où elle accoucha d'un beau garçon qui fut doté dès sa naissance de 30,000 francs de rente. On le confia d'abord aux soins de madame L...., nourrice du prince Achille Murat, laquelle le garda trois ou quatre ans. Ensuite M. M....., secrétaire de Sa Majesté, fut chargé de pourvoir à l'éducation de cet enfant. Lorsque l'empereur revint de l'île d'Elbe, le fils de mademoiselle E.... fut remis aux mains de sa majesté l'impératrice-mère. La liaison de l'empereur avec mademoiselle E.... ne dura pas long-temps. Un jour on la vit arriver avec sa mère à Fontainebleau, où se trouvait la cour. Elle monta à l'appartement de Sa Majesté, et me demanda de l'annoncer. L'empereur fut ou ne peut plus mécontent de cette démarche, et me chargea d'aller dire de sa part à mademoiselle E.... qu'il lui défendait de jamais se présenter devant lui sans sa permission et de séjourner un instant de plus à Fontainebleau. Malgré cette rigueur pour la mère, l'empereur aimait tendrement le fils. Je le lui amenais souvent; il le caressait, lui donnait cent friandises, et s'amusait beaucoup de sa vivacité et de ses reparties, qui étaient très-spirituelles pour son âge.

Cet enfant et celui de la belle Polonaise dont je parlerai plus tard sont, avec le roi de Rome, les seuls enfans qu'ait eus l'empereur. Il n'a jamais eu de filles, et je crois qu'il n'aurait pas aimé à en avoir.

J'ai vu je ne sais où que l'empereur, pendant le séjour le plus long que nous ayons fait à Boulogne, se délassait la nuit des travaux de la journée avec une belle Italienne. Voici ce que je sais de cette aventure. Sa Majesté se plaignait un matin, pendant que je l'habillais, en présence du prince Murat, de ne voir que des figures à moustaches, ce qui, disait-elle, était fort triste. Le prince toujours prêt, dans les occasions de ce genre, à offrir ses services à son beau-frère, lui parla d'une dame génoise belle et spirituelle, qui avait le plus grand désir de voir Sa Majesté. L'empereur accorda, en riant, un tête-à-tête, et le prince se chargea de transmettre le message. Il y avait deux jours que, par ses soins, la belle dame était arrivée et installée dans la haute ville, lorsque l'empereur, qui habitait au Pont de Briques, m'ordonna un soir de prendre une voiture et d'aller chercher la protégée du prince Murat. J'obéis et j'amenai la belle Génoise, qui, pour éviter le scandale, bien qu'il fît nuit close, fut introduite par un petit jardin situé derrière les appartemens de Sa Majesté. La pauvre femme était bien émue et pleurait; mais elle se consola promptement en se voyant bien accucillie : l'entrevue se prolongea jusqu'à trois heures du matin, et je fus alors appelé pour reconduire la dame. Elle revint, depuis, quatre ou cinq fois et revit encore l'empereur à Rambouillet. Elle était bonne, simple, crédule et point du tout intrigante, et ne chercha point à tirer parti d'une liaison qui, du reste, ne fut que passagère.

Une autre de ces favorites d'un moment qui se précipitaient en quelque sorte dans les bras de l'empereur, sans lui donner le temps de lui adresser ses hommages, mademoiselle L. B. était une fort jolie personne; elle avait de l'esprit et un bon cœur, et si elle eût reçu une éducation moins frivole, elle aurait été sans doute une femme estimable. Mais j'ai tout lieu de penser que sa mère avait toujours eu le dessein d'acquérir un protecteur à son second mari, en *utilisant* la jeunesse et les attraits de la fille de son premier; je ne me souviens pas de son nom, mais il était d'une famille noble, ce dont la mère et la fille se félicitaient beaucoup. La jeune personne était bonne musicienne, et chantait agréablement; mais ce qui me paraissait aussi ridicule qu'indécent, c'était de la voir devant une assez nombreuse compagnie réunie chez sa mère, danser des pas de ballet, dans un costume presque aussi léger qu'à l'Opéra, avec des castagnettes ou un tambour de basque, et terminer sa danse par une répétition d'attitudes et de grâces. Avec une pareille éducation, elle devait trouver sa position toute naturelle; aussi fut-elle fort chagrine du peu de durée qu'eut sa liaison avec l'empereur. Pour la mère, elle en était désespérée, et me disait avec une naïveté révoltante : « Voyez ma pau-» vre Lise, comme elle a le teint échauffé ! c'est le » chagrin de se voir négligée, cette chère enfant. » Que vous seriez bon si vous pouviez la faire de-» mander ! » Pour provoquer une entrevue dont la mère et la fille étaient si désireuses, elles vinrent toutes deux à la chapelle de Saint-Cloud, où pendant la messe la *pauvre* Lise lançait à l'empereur des œillades qui faisaient rougir les jeunes femmes qui s'en aperçurent. Tout cela fut du temps perdu, et l'empereur n'y fit nulle attention.

Le colonel L. B. était aide-de-camp du général L...., gouverneur de Saint-Cloud ; le général était

veuf, et c'est ce qui peut faire excuser l'intimité
de sa fille unique avec la famille L. B..., qui m'é-
tonnait beaucoup. Un jour que je dînais chez le
colonel avec sa femme, sa belle-fille et mademoiselle L......, le général fit demander son aide-de-
camp, et je restai seul avec ces dames, qui me sol-
licitèrent vivement de les accompagner chez mademoiselle Lenormand. J'aurais eu mauvaise grâce
à ne pas céder. Nous montâmes en voiture, et
arrivâmes rue de Tournon. Mademoiselle L. B...
entra la première dans l'antre de la sibylle, y resta
long-temps, mais fut fort discrète sur ce qui lui
avait été dit. Pour mademoiselle L......, elle nous
dit fort ingénument qu'elle avait de bonnes nouvelles, et qu'elle épouserait bientôt celui qu'elle
aimait; ce qui en effet ne tarda pas. Ces demoi-
selles me pressèrent de consulter à mon tour la
prophétesse, et je m'aperçus bien que j'étais connu,
car mademoiselle Lenormand vit tout de suite dans
ma main que j'avais le bonheur d'approcher d'un
grand homme et d'en être aimé; puis elle ajouta
mille autres balivernes de ce genre dont je la re-
merciai au plus vite, tant elles m'ennuyaient.

CHAPITRE XIV.

Les trônes de la famille impériale. — Rupture du traité fait avec la Prusse. — La reine de Prusse et le duc de Brunswick. — Départ de Paris. — Cent cinquante mille hommes dispersés en quelques jours. — Mort du prince Louis de Prusse. — Guindé, maréchal-des-logis du 10e de hussards. — La voiture de Constant versée sur la route. — Empressement des soldats à lui porter secours. — Le chapeau et le premier valet de chambre du petit caporal. — Arrivée de l'empereur sur le plateau de Weimar. — Chemin creusé dans le roc vif. — Danger de mort couru par l'empereur. — L'empereur à plat ventre. — Compliment de l'empereur au soldat qui avait failli le tuer. — Fruits de la bataille d'Iéna. — Mort du général Schmettau et du duc de Brunswick. — Fuite du roi et de la reine de Prusse. — La reine amazone passant la revue de son armée. — Costume de la reine. — La reine poursuivie par des hussards français. — Ardeur et propos des soldats. — Les dragons Klein. — Réprimande adressée et récompense accordée par l'empereur aux soldats qui avaient poursuivi la reine de Prusse. — Clémence envers le duc de Weimar. — Quel était le lit de Constant sous la tente de l'empereur. — Constant partage son lit avec le roi de Naples. — Une nuit de l'empereur et de Constant en campagne. — Sommeil interrompu. — Les aides-de-camp. — Le prince de Neuchâtel. — Déjeuner. — Tournée à cheval. — Roustan et le flacon d'eau-de-vie, — Abstinence de l'empereur à l'armée. — Le petit croûton et le verre de vin. — Intrépidité du contrôleur de la bouche. — Visite du champ de bataille. — L'empereur accablé de fatigue. — Réveil gracieux de l'empereur. — Sa facilité à se rendormir. — Travail particulier de l'empereur aux approches d'une bataille. — Les cartes et les épingles. — Activité du service en campagne et en voyage. — Promptitude des préparatifs. — Une ambulance changée en logement pour l'empereur. — Cadavres, membres coupés, taches de sang, etc., enlevés en quelques minutes. — L'empereur dormant sur le champ de bataille. — En route sur potsdam. — Orage. — Rencontre d'une Égyptienne, veuve d'un officier français. — Bienfait de l'empereur. — L'empereur à Potsdam. — Les reliques du grand Frédéric. — Charlottembourg. — Toilette de l'armée avant d'entrer dans Berlin. — Entrée à Berlin. — L'empereur faisant rendre les honneurs militaires au buste du grand Frédéric. — Les grognards. — Egards de l'empereur pour la sœur du roi de Prusse. — Grande revue. — Pétition présentée par deux femmes. — Curiosité de l'empereur. — Mission confiée à Constant. — Une suppliante de seize ans. — L'*étiquette*. — Entretien muet. — L'empereur peu satisfait de son tête-à-tête. — Enlèvement. — Singulière rencontre. — Aventures de la jeune Prussienne. — Crédulité suivie de détresse. — Constant recommande la belle Prussienne à l'empereur. — Retour d'un caprice. — Objections de Constant. — Générosité de l'empereur.

Pendant que l'empereur donnait des couronnes à ses frères et à ses sœurs, au prince Louis le trône de Hollande, Naples au prince Joseph, le duché de Berg au prince Murat, à la princesse Elisa Lucques et Massa-Carrara, Guastalla à la princesse Pauline Borghèse : pendant qu'il s'assurait de plus en plus par des alliances de famille et par des traités, la coopération des différens états qui étaient entrés dans la confédération du Rhin, la guerre se rallumait entre la France et la Prusse. Il ne m'appartient pas de rechercher les causes de cette g erre, ni de quel côté étaient venues les premières provocations. Tout ce que j'en sais, c'est que j'entendis cent fois, aux Tuileries et en campagne, l'empereur, causant avec ses familiers, accuser le vieux duc de Brunswick, dont le nom était si odieux en France depuis 1792, et la jeune et belle reine de Prusse d'avoir excité le roi Frédéric-Guillaume à rompre le traité de paix. La reine était, suivant l'empereur, plus disposée à guerroyer que le général Blücher lui-même. Elle portait l'uniforme du régiment à qui elle avait donné son nom, se montrait à toutes les revues, et commandait les manœuvres.

Nous partîmes de Paris à la fin de septembre. Mon dessein n'est pas d'entrer dans les détails de cette merveilleuse campagne, où l'on vit l'empereur, en moins de quelques jours, écraser une armée de cent cinquante mille hommes parfaitement disciplinés, pleins d'enthousiasme et de courage, et ayant leur pays à défendre. Dans un des premiers combats le jeune prince Louis de Prusse, frère du roi, fut tué à la tête de ses troupes, par Guindé, maréchal-des-logis du 10ᵉ de hussards. Le prince combattait corps à corps avec ce brave sous-officier, qui lui dit : « Rendez-vous, colonel, ou vous êtes mort. » Le prince Louis ne lui répondit que par un coup de sabre, et Guindé lui plongea le sien dans le corps. Il tomba mort sur la place.

Dans cette campagne, les routes étant défoncées par le passage continuel de l'artillerie, ma voiture versa, et un des chapeaux de l'empereur tomba par la portière. Un régiment qui passait sur la même route reconnut le chapeau à sa forme particulière, et sur-le-champ ma voiture fut relevée. « Non, disaient ces braves militaires, nous ne lais- » serons pas dans l'embarras le premier valet de » chambre du petit caporal. » Le chapeau, après avoir passé dans toutes les mains, me fut enfin remis avant mon départ.

L'empereur, arrivé sur le plateau de Weimar, fit ranger son armée en bataille et bivouaqua au milieu de sa garde. Vers deux heures du matin il se leva et partit à pied pour aller examiner les tra-vaux d'un chemin qu'il faisait creuser dans le roc pour le transport de l'artillerie. Il resta près d'une

heure avec les travailleurs, et avant de s'achemi-
ner vers son bivouac, il voulut donner un coup-
d'œil aux avant-postes les plus voisins.

Cette excursion que l'empereur voulut faire
seul et sans aucune escorte, pensa lui coûter la
vie. La nuit était très-noire, et les sentinelles du
camp ne voyaient pas à dix pas autour d'elles.
La première, entendant quelqu'un marcher dans
l'ombre, en s'approchant de notre ligne, cria *qui
vive* et se tint prête à faire feu. L'empereur, qu'une
profonde préoccupation, ainsi qu'il l'a dit lui-
même ensuite, empêchait d'entendre la voix de
la sentinelle, ne fit aucune réponse, et ce fut une
balle sifflant à son oreille qui le tira de sa distrac-
tion. Aussitôt il s'aperçut du danger qu'il courait
et se jeta à plat-ventre ; la précaution était des
plus sages, car à peine Sa Majesté s'était-elle laissé
tomber dans cette position, que d'autres balles
passèrent au dessus de sa tête, la décharge de la
première sentinelle ayant été répétée par toute la
ligne. Ce premier feu essuyé, l'empereur se releva,
marcha vers le poste le plus rapproché et s'y fit
reconnaître.

Sa Majesté était encore à ce poste, lorsque y
rentra le soldat qui avait tiré sur elle, et qui venait d'être relevé de garde ; c'était un jeune grenadier de la ligne. L'empereur lui ordonna de

s'approcher et lui pinçant fortement la joue :
« Comment, coquin, lui dit-il, tu m'as donc pris
» pour un Prussien? Ce drôle-là ne jette pas sa
» poudre aux moineaux; il ne tire qu'aux empe-
» reurs. » Le pauvre soldat était tout troublé de
l'idée qu'il aurait pu tuer le petit caporal, qu'il
adorait comme tout le reste de l'armée, et ce fut
avec grande peine qu'il put dire : « Pardon, Sire,
» mais c'était la consigne; si vous ne répondez
» pas, c'est pas ma faute. Fallait mettre dans la
» consigne que vous ne vouliez pas répondre. »
L'empereur le rassura en souriant et lui dit en s'é-
loignant du poste : « Mon brave, je ne te fais pas
» de reproche. C'était assez bien visé pour un coup
» tiré à tâtons; mais tout à l'heure il fera jour,
» tire plus juste et j'aurai soin de toi. »

On sait quels furent les fruits de la bataille d'Iéna,
livrée le 14 octobre. Presque tous les généraux
prussiens, du moins les meilleurs, y furent pris ou
mis hors d'état de continuer la campagne*. Le roi et

---

* Outre le prince Louis, les Prussiens perdirent en peu de
jours deux de leurs meilleurs officiers généraux. Le général
Schmettau, mort à Weimar de ses blessures, et au convoi
duquel l'empereur assista; et le vieux duc de Brunswick, déjà
plus que septuagénaire et couvert d'infirmités, lorsqu'il reçut
à Auerstaedt une mort glorieuse.

« Le duc de Brunswick, grièvement blessé à la bataille

la reine prirent la fuite, et ne s'arrêtèrent qu'à Kœ
nigsberg.

Quelques momens avant l'attaque, la reine
de Prusse, montée sur un cheval fier et léger,
avait paru au milieu des soldats, et l'élite de la
jeunesse de Berlin suivait la royale amazone qui
galopait devant les premières lignes de bataille.
On voyait tous les drapeaux que sa main avait
brodés pour encourager ses troupes, et ceux du
grand Frédéric, que la poudre du canon avait
noircis, s'incliner à son approche, tandis que des

d'Auerstaedt, arriva le 29 octobre à Altona. Son entrée dans
cette ville fut un nouvel et frappant exemple des vicissitudes
de la fortune. On vit un prince souverain, jouissant, à tort ou
à raison, d'une grande réputation militaire, naguère puissant
et tranquille dans sa capitale, maintenant battu et blessé à
mort, faisant son entrée dans Altona, sur un misérable bran-
card porté par dix hommes, sans officiers, sans domestiques,
escorté par une foule d'enfans et de vagabonds qui le pressaient par curiosité, déposé dans une mauvaise auberge, et
tellement abattu par la fatigue et la douleur de ses yeux, que
le lendemain de son arrivée le bruit de sa mort était général.
Le malheureux duc fit appeler sur-le-champ le docteur Unzer
pour apaiser les violentes douleurs que lui causait sa blessure.
Dans le peu de jours que le duc de Brunswick y survécut, il ne
vit que sa femme qui arriva auprès de lui le 1er novembre.
Il refusa constamment toutes visites et mourut le 10 novembre. »

(*Mémoires de M. de Bourrienne*, tome vii, page 150.)

cris d'enthousiasme s'élevaient dans tous les rangs de l'armée prussienne. Le ciel était si pur et les deux armées si proches l'une de l'autre, que les Français pouvaient facilement distinguer le costume de la reine.

Ce costume singulier fut, en grande partie, la cause des dangers qu'elle courut dans sa fuite. Elle était coiffée d'un casque en acier poli, qu'ombrageait un superbe panache. Elle portait une cuirasse toute brillante d'or et d'argent. Une tunique d'étoffe d'argent complétait sa parure, et tombait jusqu'à ses jambes, chaussées de brodequins rouges, éperonnés en or. Ce costume rehaussait les charmes de la belle reine.

Lorsque l'armée prusienne fut mise en déroute, la reine resta seule avec trois ou quatre jeunes gens de Berlin, qui la défendirent jusqu'à ce que deux hussards, qui s'étaient couverts de gloire pendant la bataille, tombèrent au grand galop, la pointe du sabre haute, au milieu de ce petit groupe qui fut à l'instant même dispersé. Effrayé par cette brusque attaque, le cheval que montait Sa Majesté s'enfuit de toute la force de ses jambes, et bien en prit à la reine fugitive de ce qu'il était agile comme un cerf, car les deux hussards l'eussent infailliblement faite prisonnière. Plus d'une fois ils la serrèrent d'assez près pour qu'elle entendît leurs

propos de soldat, et des quolibets de nature à effaroucher ses oreilles.

La reine, ainsi poursuivie, était arrivée en vue
de la porte de Weimar, quand un fort détachement des dragons Klein fut aperçu accourant à
toute bride. Le chef avait ordre de prendre la reine
à quelque prix que ce fût. Mais à peine était-elle
entrée dans la ville qu'on en ferma les portes. Les
hussards et le détachement de dragons s'en retour-
nèrent désappointés au champ de bataille.

Les détails de cette singulière poursuite vinrent
bientôt aux oreilles de l'empereur, qui fit venir
les hussards en sa présence. Après leur avoir, en
termes fort vifs, témoigné son mécontentement
des plaisanteries indécentes qu'ils avaient osé faire
sur la reine, quand son malheur devait encore
ajouter au respect dû à son rang et à son sexe,
l'empereur se fit rendre compte de la manière dont
ces deux braves s'étaient comportés pendant la bataille. Sachant qu'ils avaient fait des prodiges de valeur, Sa Majesté leur donna la croix, et fit compter
à chacun trois cents francs de gratification.

L'empereur usa de clémence à l'égard du duc
de Weimar, qui avait commandé une division
prussienne. Le lendemain de la bataille d'Iéna,
Sa Majesté, étant allée à Weimar, logea au palais
ducal, où elle fut reçue par la duchesse régente :

« Madame, lui dit l'empereur, je vous sais gré de
» m'avoir attendu ; et c'est parce que vous avez eu
» cette confiance en moi que je pardonne à votre
» mari. »

Quand nous étions à l'armée, je couchais sous
la tente de l'empereur, soit sur un petit tapis, soit
sur une peau d'ours dont il s'enveloppait dans sa
voiture. Lorsqu'il m'arrivait de ne pouvoir me
servir de ces objets, je cherchais à me procurer
un peu de paille. Je me souviens d'avoir, un soir,
rendu un grand service au roi de Naples, en par-
tageant avec lui une botte de paille qui devait me
servir de lit.

Voici quelques détails qui pourront donner au
lecteur une idée de la manière dont je passais les
nuits en campagne.

L'empereur reposait sur son petit lit en fer,
et moi je me couchais où et comme je pouvais. A
peine étais-je endormi que l'empereur m'appelait : «Constant. — Sire. — Voyez qui est de service.
» (C'était des aides-de-camp qu'il voulait parler.)
» — Sire, c'est M***. — Dites-lui de venir me par-
» ler. » Je sortais alors de la tente pour aller avertir
l'officier, que je ramenais avec moi. A son entrée,
l'empereur lui disait : « Vous allez vous rendre
» auprès de tel corps, commandé par tel maré-
» chal ; vous lui enjoindrez d'envoyer tel régiment

» dans telle position ; vous vous assurerez de celle
» de l'ennemi, puis vous viendrez m'en rendre
» compte. » L'aide-de-camp sortait et montait à
cheval pour aller exécuter sa mission. Je me re-
couchais, l'empereur faisait mine de vouloir s'endormir, mais au bout de quelques minutes je
l'entendais crier de nouveau : « Constant. — Sire.
» — Faites appeler le prince de Neuchâtel. » J'en-
voyais prévenir le prince, qui arrivait bientôt ; et
pendant le temps de la conversation je restais à
la porte de la tente. Le prince écrivait quelques
ordres et se retirait. Ces dérangemens avaient lieu
plusieurs fois dans la nuit. Vers le matin, Sa Majesté s'endormait ; alors j'avais aussi quelques instans de sommeil. Quand il venait des aides-de-
camp apporter quelque nouvelle à l'empereur, je
le réveillais en le poussant doucement.

« Qu'est-ce ? disait Sa Majesté en s'éveillant en
sursaut ; quelle heure est-il ? faites entrer. L'aide-
de-camp faisait son rapport ; s'il en était besoin,
Sa Majesté se levait sur-le-champ et sortait de la
tente ; sa toilette n'était pas longue ; s'il devait y
avoir une affaire, l'empereur observait le ciel et
l'horizon, et je l'ai souvent entendu dire : « Voilà
» un beau jour qui se prépare ! »

Le déjeuner était préparé et servi en cinq minutes, et au bout d'un quart d'heure le couvert

était levé. Le prince de Neufchâtel déjeunait et dînait tous les jours avec Sa Majesté; en huit ou dix minutes le plus long repas était terminé. « A » cheval! » disait alors l'empereur, et il partait accompagné du prince de Neufchâtel, d'un aide-de-camp ou de deux, et de Roustan, qui portait toujours un flacon d'argent plein d'eau-de-vie dont l'empereur ne faisait presque jamais usage. Sa Majesté passait d'un corps à un autre, parlait aux officiers, aux soldats, les interrogeait, et voyait par ses yeux tout ce qu'il était possible de voir. S'il y avait quelque affaire, le dîner était oublié, et l'empereur ne mangeait que lorsqu'il était rentré. Si l'engagement durait trop long-temps, on lui portait alors et sans qu'il le demandât, un petit croûton de pain et un peu de vin.

M. Colin, contrôleur de la bouche, a maintes fois bravé le canon pour porter ce léger repas à l'empereur.

A l'issue d'un combat, Sa Majesté ne manquait jamais de visiter le champ de bataille; elle faisait distribuer des secours aux blessés en les encourageant par ses paroles.

L'empereur rentrait quelquefois accablé de fatigue; il prenait un léger repas et se couchait pour recommencer encore ses interruptions de sommeil.

Il est à remarquer que chaque fois que des circonstances imprévues forçaient les aides-de-camp
à faire réveiller l'empereur, ce prince était aussi
apte au travail qu'il l'eût été au commencement
ou au milieu du jour : son réveil était aussi aimable que son air était gracieux. Le rapport d'un
aide-de-camp étant terminé, Napoléon se rendor-
mait aussi facilement que si son somme n'eût pas
été interrompu.

Les trois ou quatre jours qui précédaient une
affaire, l'empereur passait la plus grande partie de
son temps étendu sur de grandes cartes qu'il piquait avec des épingles dont la tête était en cire de
différentes couleurs.

Je l'ai déjà dit, toutes les personnes de la maison
de l'empereur cherchaient à l'envi les moyens les
plus sûrs et les plus prompts pour que rien ne lui
manquât. Partout, en voyage comme en campagne, sa table, son café, son lit et son bain même,
pouvaient être préparés en cinq minutes. Combien
de fois ne fut-on pas obligé d'enlever en moins de
temps encore des cadavres d'hommes et de chevaux pour dresser la tente de Sa Majesté !

Je ne sais dans quelle campagne au-delà du Rhin
nous nous trouvâmes arrêtés dans un mauvais village où, pour faire le logement de l'empereur, on
fut obligé de prendre une baraque de paysan qui

avait servi d'ambulance. Il fallut commencer d'a-
bord par enlever les membres coupés, et laver
les tâches de sang : ce travail fut terminé en moins
d'une demi-heure, et tout était presque bien.

L'empereur dormait quelquefois un quart
d'heure ou une demi-heure sur le champ de bataille, lorsqu'il était fatigué, ou qu'il voulait attendre plus patiemment le résultat des ordres qu'il
avait donnés.

Nous nous rendions à Potsdam, lorsque nous
fûmes surpris par un violent orage : il était si fort
et la pluie tellement abondante, que nous fûmes
obligés de nous arrêter et de nous réfugier dans
une maison voisine de la route ; bien boutonné
dans sa capote grise, et ne croyant pas qu'on pût
le reconnaître, l'empereur fut fort surpris de voir
en entrant dans la maison une jeune femme que
sa présence faisait tressaillir : c'était une Égyptienne
qui avait conservé pour mon maître cette vénération religieuse que lui portaient les Arabes. Veuve
d'un officier de l'armée d'Egypte, le hasard l'avait
conduite en Saxe, dans cette même maison où
elle avait été accueillie. L'empereur lui accorda
une pension de douze cents francs, et se chargea
de l'éducation d'un fils, seul héritage que lui eût
laissé son mari. « C'est la première fois, dit Napo-
» léon, que je mets pied à terre pour éviter un

» orage ; j'avais le pressentiment qu'une bonne ac-
» tion m'attendait là. »

Le gain de la bataille d'Iéna avait frappé les
Prussiens de terreur ; la cour avait fui avec tant
de précipitation, qu'elle avait tout laissé dans les
maisons royales. En arrivant à Potsdam, l'empereur y trouva l'épée du grand Frédéric, son
hausse-col, le grand cordon de ses ordres et son
réveil. Il les fit porter à Paris, pour être conservés
à l'hôtel des Invalides : « Je préfère ces trophées,
» dit Sa Majesté, à tous les trésors du roi de Prusse ;
» je les enverrai à mes vieux soldats des campa-
» gnes de Hanovre ; il les garderont comme un
» témoignage des victoires de la grande armée et
» de la vengeance qu'elle a tirée du désastre de
» Rosbach. » L'empereur ordonna le même jour
la translation dans sa capitale de la colonne élevée par le grand Frédéric pour perpétuer le souvenir de la défaite des Français à Rosbach. Il aurait
pu se contenter d'en changer l'inscription.

Napoléon demeurait au château de Charlottembourg, où il avait établi son quartier-général. Les
régimens de la garde arrivaient de tous côtés.
Aussitôt qu'ils furent rassemblés, on leur donna
l'ordre de se mettre en grande tenue, ce qui
s'exécuta dans le petit bois, en avant de la ville.
L'empereur fit son entrée dans la capitale de la

Prusse, entre dix et onze heures du matin. Il était
entouré de ses aides-de-camp et des officiers de
son état-major. Tous les régimens défilèrent dans
le plus grand ordre, tambours et musique en tête.
L'excellente tenue des troupes excita l'admiration
des Prussiens.

Étant entrés dans Berlin, à la suite de l'empereur, nous arrivâmes sur la place de la ville au
milieu de laquelle s'élevait un buste du grand
Frédéric. Le nom de ce monarque est si popu-
laire à Berlin et dans toute la Prusse, que j'ai vu
cent fois, lorsqu'il arrivait à quelqu'un de le prononcer, soit dans un café ou dans tout autre lieu
public, soit dans des réunions particulières, tous
les assistans se lever, chacun ôtant son chapeau et
donnant toutes les marques d'un respect et même
d'un culte profond. L'empereur arrivé devant le
buste, décrivit un demi-cercle au galop, suivi de
son état-major, et baissant la pointe de son épée,
il ôta en même temps son chapeau et salua le
premier l'image de Frédéric II. Son état-major
imita son exemple, et tous les officiers-généraux et
officiers qui le composaient se rangèrent en demi-
cercle autour du buste, l'empereur au centre. Sa
Majesté donna ordre que chaque régiment présen-
tât les armes en défilant devant le buste. Cette ma-
nœuvre ne fut pas du goût de quelques *grognards*

du premier régiment de la garde, qui, la moustache roussie et le visage encore tout noirci de la poudre d'Iéna, auraient mieux aimé un bon billet de logement chez le *bourgeois* que la parade. Aussi ne cachaient-ils pas leur humeur, et il y en eut un entre autres qui en passant devant le buste et devant l'empereur, exprima entre ses dents et sans déranger un muscle de son visage, mais pourtant assez haut pour être entendu de Sa Majesté, qu'il ne se *moquait* pas mal de son s.... buste. Sa Majesté fit la sourde oreille; mais le soir elle répéta en riant le mot du vieux soldat.

Sa Majesté descendit au château, où son logement était préparé, et où les officiers de sa maison l'avaient devancé. Ayant appris que la princesse électorale de Hesse-Cassel, sœur du roi, y était restée malade à la suite d'une couche, l'empereur monta à l'appartement de cette princesse, et après une assez longue visite, il donna des ordres pour que cette dame fût traitée avec tous les égards dus à son rang et à sa cruelle position.

L'empereur passant une grande revue à Berlin, une jeune personne, accompagnée d'une femme âgée, lui présenta une pétition. Sa Majesté, rentrée au palais, en prit connaissance, et me dit : « Con- » stant, lisez cette demande, vous y verrez la de- » meure des femmes qui me l'ont présentée. Vous

» irez chez elles pour savoir qui elles sont et ce
» qu'elles veulent. » Je lus le placet, et je vis que la
jeune fille demandait pour toute grâce un entretien particulier avec Sa Majesté.

M'étant rendu à l'adresse indiquée, je trouvai une
demoiselle de l'âge de quinze à seize ans et d'une
beauté admirable. Malheureusement je découvris,
en lui adressant la parole, qu'elle ne comprenait
pas un seul mot de français ni d'italien; et en son-
geant à *l'entretien* qu'elle sollicitait, je ne pus m'empêcher de rire. La mère, ou celle qui se faisait passer pour telle, parlait un peu français, mais fort
difficilement. Je parvins pourtant à comprendre
qu'elle était veuve d'un officier prussien, dont elle
avait eu cette belle personne. « Si l'empereur ac-
» corde à ma fille sa demande, dit-elle, je sollici-
» terai la grâce d'être présentée en même temps à
» sa majesté l'empereur. » Je lui fis observer que
l'audience ayant été sollicitée seulement par sa fille,
il me paraissait difficile qu'elle y assistât, et elle
parut comprendre parfaitement cette nécessité
imposée par *l'étiquette*. Après ce court entretien,
je retournai au palais, où je rendis compte à l'empereur de ma mission. A dix heures du soir, j'allai avec une voiture chercher les deux dames,
que j'amenai au palais. J'engageai la mère à rester dans un cabinet pendant que j'irais présenter la

jeune fille à l'empereur. Sa Majesté la retint, et je me retirai.

Quoique la conversation ne dût pas être fort intéressante entre deux personnes qui ne pouvaient se comprendre que par signes, elle ne laissa pas de se prolonger une partie de la nuit. Vers le matin, l'empereur, m'ayant appelé, me demanda 4,000 francs, qu'il remit lui-même à la jeune Prussienne, qui paraissait être fort contente. Elle rejoignit ensuite sa *mère*, qui n'avait pas eu l'air d'éprouver la moindre inquiétude sur la longue durée de l'entretien. Elles remontèrent dans la voiture qui les attendait, et je les reconduisis à leur demeure.

L'empereur me dit qu'il n'avait jamais pu rien comprendre que *Dass ist miserable, dass ist gut,* et que, malgré tous les agrémens d'un tête-à-tête avec une aussi jolie femme, l'entretien était peu de son goût.

Peu de jours après cette aventure, j'appris que la demoiselle avait été enlevée par un militaire français, dont on ignorait le nom. L'empereur ne s'occupa en aucune façon des fugitifs. De retour à Paris, et quelques mois après, je traversais la rue de Richelieu, quand je fus accosté par une femme assez mal vêtue, et coiffée d'un grand chapeau qui lui couvrait presque entièrement le visage; elle me demanda pardon, en m'appelant par mon nom, de

m'arrêter ainsi dans la rue. Lorsqu'elle leva la tête,
je reconnus la jolie figure de la Prussienne, qui
était toujours ravissante. Le voyage l'avait formée;
car elle parlait assez bien français. Elle me conta
ainsi son histoire.

« J'ai éprouvé de bien grands malheurs depuis
» que je ne vous ai vu; vous savez sans doute que
» j'eus à Berlin la faiblesse de céder aux impor-
» tunités et aux promesses d'un colonel français. Cet
» officier, après m'avoir tenue cachée pendant quel-
» que temps, m'a déterminée à le suivre, me jurant
» qu'il m'aimerait toujours et que je serais bientôt sa
» femme. Il m'emmena à Paris. Je ne sais s'il comp-
» tait, pour son avancement, sur la faveur dont il
» supposait que je jouissais auprès de l'empereur; »
(ici je crus voir quelque rougeur sur le visage et
quelques pleurs dans les yeux de la pauvre fille);
« mais je ne pus m'empêcher de le soupçonner de ce
» honteux calcul, en l'entendant un jour s'étonner
» et presque se plaindre de ce que l'empereur n'a-
» vait fait faire aucune démarche pour savoir ce
» que j'étais devenue. Je reprochai au colonel cet
» excès de turpitude, et pour se débarrasser de moi
» et de mes reproches, il eut la lâcheté de m'aban-
» donner dans une maison suspecte. Désespérée
» de me trouver dans un pareil repaire, j'ai fait
» mille efforts pour m'en échapper, et j'ai été

» assez heureuse pour y réussir. Comme il me res-
» tait encore un peu d'argent, j'ai loué une pe-
» tite chambre dans la rue Chabanais. Mais ma
» bourse est épuisée et je suis très-malheureuse;
» tout ce que je désire aujourd'hui, c'est de re-
» tourner à Berlin. Mais comment faire pour par-
» tir d'ici? » En prononçant ces derniers mots, la
malheureuse femme fondait en larmes.

Je fus véritablement touché de la détresse d'une
personne si jeune et si belle, dont la corruption
des autres, et non la sienne, avait causé la perte, et
et je lui promis de parler de sa situation à l'empereur. En effet, le soir même, je saisis l'occasion
d'un moment de bonne humeur pour faire part à
Sa Majesté de la rencontre que j'avais faite. L'empereur se réjouit d'apprendre que la jolie étran-
gère parlait assez bien le français, et il eut quelque
velléité de la voir de nouveau. Mais je me permis de
lui faire observer qu'il était à craindre qu'elle ne
fût plus digne de ses soins, et je lui racontai les
voyages et aventures de la pauvre délaissée. Mon
récit produisit l'effet que j'en attendais; il réfroidit
considérablement Sa Majesté et excita sa pitié.

Je reçus ordre de compter à la jeune fille deux
cents napoléons, afin qu'elle pût retourner dans
son pays, et jamais je ne m'acquittai d'une commission avec plus de joie. Celle de la belle Prussienne

fut au comble. Elle m'accabla de remerciemens et me fit ses adieux.

Elle partit sans doute, car depuis je ne l'ai plus revue.

NOTE

DE L'ÉDITEUR.

Les mémoires de M. Constant ont été faits par lui dans un double but : pour faire connaître l'empereur Napoléon, et pour faire connaître aussi la cour impériale. Les noms des principaux personnages, et même des auteurs secondaires de ce grand théâtre, revenant sans cesse dans les récits de M. Constant, l'éditeur de ses mémoires a pensé que l'on pourrait être curieux de voir quels étaient l'emploi et les rôles de chacun. L'étiquette, à l'époque de l'avènement de Napoléon à l'empire, fut long-temps la grande affaire de la nouvelle cour, et occupa même quelques-uns des loisirs de cet homme extraordinaire, qui songeait en même temps à l'invasion de l'Angleterre et à la coupe d'un habit de chambellan, et qui datait de son quartier général du Kremlin un nouveau réglement pour le Théâtre-Français.

L'éditeur a donc eu l'idée de satisfaire une juste

curiosité, en plaçant ici, en forme de pièces jus-
tificatives, des *réglemens d'étiquette* qui ont été
longuement discutés dans un conseil formé et rassemblé *ad hoc*, lequel tenait ses séances en présence de l'empereur. Napoléon prit part à cette
grave discussion autant qu'à celle du Code civil,
et son esprit, également prêt à traiter tous les
sujets, jeta de vives lumières sur l'une comme sur
l'autre. Ainsi, ce que l'on va lire est en majeure
partie l'œuvre du vainqueur d'Austerlitz, moins de
nombreux plagiats dérobés à l'ancienne cour de
France; car les conseillers de Napoléon sur ces
matières avaient appartenu plus ou moins à l'ancienne cour, et l'empereur ne fut pas médiocre-
ment aidé dans le travail dont il s'agit par l'homme
honorable et spirituel qu'il institua, avec grande
raison, son grand-maître des cérémonies.

Les attributions du grand-maréchal du palais
étaient :

Le commandement militaire dans les palais impériaux et leurs dépendances, la surveillance de
leur entretien, embellissement et ameublement,
la distribution des logemens;

Le service de la bouche, les tables, le chauffage, l'éclairage, l'argenterie, la lingerie et la livrée.

Le grand-maréchal du palais était présent à l'ordre que Sa Majesté donnait journellement aux colonels-généraux de sa garde. Il le recevait pour le palais, et faisait à Sa Majesté son rapport sur tous les événemens qui pouvaient s'y être passés.

Il proposait à Sa Majesté la distribution du service militaire à établir pour la garde du palais. Ce service une fois fixé ne pouvait plus être dérangé sous un nouvel ordre de Sa Majesté.

Le grand-maréchal du palais, chargé du commandement et de la police dans les palais impériaux, commandait aux détachemens de la garde impériale qui y faisaient le service. Il leur donnait les consignes et l'ordre ; il recevait le rapport des officiers qui commandaient les différens postes.

Les officiers militaires en service dans le palais ne devaient recevoir des ordres que du grand-maréchal du palais ou des officiers qui le représentaient.

Il donnait les ordres pour battre la retraite ou le réveil, pour fermer ou ouvrir les grilles du palais.

Le grand-maréchal du palais prenait le commandement, et était chargé de la police dans tous les endroits où Sa Majesté allait en cérémonie, et dans lesquels la garde impériale prenait poste.

Sa Majesté donnait ses ordres au grand-maréchal du palais pour les personnes qui devaient monter à cheval aux grandes parades qui avaient lieu dans l'enceinte du palais.

Il devait lui être rendu compte de tous les événemens qui arrivaient dans le palais, de tous les individus qui venaient y loger, s'y établir ou s'y introduire. Ceux qui y étaient arrêtés n'étaient plus relâchés ou renvoyés à d'autres autorités que d'après ses ordres.

Comme chargé de la police dans les palais, c'était lui seul qui pouvait infliger, sur la demande qui lui en était faite, la punition d'emprisonnement, aux individus des différens services de la maison de Sa Majesté, quelles que fussent leurs fonctions. Il faisait exécuter ses ordres par les officiers de la gendarmerie impériale de service dans le palais.

Le grand-maréchal du palais, ou les officiers qui le représentaient, étaient exactement prévenus des cérémonies ou fonctions qui devaient avoir lieu dans le palais, des personnes qui devaient y participer ou y assister, par les officiers qui les ordonnaient.

Il prenait les ordres de l'empereur pour les logemens que Leurs Majestés, leurs officiers et les gens attachés à leur service, devaient occuper dans les différens palais impériaux, à l'armée et dans les voyages.

Le grand-maréchal du palais était chargé de la distribution des appartemens, et des logemens dans les palais impériaux. Il réglait leur ameublement, et s'adressait à l'intendant général pour en obtenir les travaux en réparation et entretien, et tous les meubles nécessaires.

Il ne pouvait rien être changé à la distribution ou à l'ameublement du palais, et l'on ne pouvait faire sortir aucun des meubles, à moins d'un ordre du grand-maréchal du palais. Il ne pouvait rien y entrer non plus sans qu'il en fût prévenu.

Le grand-maréchal du palais faisait à l'intendant général la demande des meubles nécessaires; les chambellans de Leurs Majestés les faisaient disposer dans les grands appartemens et appartemens d'honneur de Leurs Majestés, comme cela était nécessaire pour les cérémonies ou fonctions qui pouvaient avoir lieu.

Il avait sous ses ordres les concierges, garçons d'appartement, portiers, et tous employés quelconques au service du palais; il avait la surveillance sur tous les individus quelconques, attachés au service de Leurs Majestés, qui y étaient logés. Il donnait à tous les portiers les consignes pour leur service.

Il surveillait l'entretien des bâtimens des palais et celui de leur ameublement. Il veillait à l'appropriement et à la bonne tenue de tous les appartemens et logemens, des communs, des cours, jardins et dépendances.

Il veillait à ce que les gouverneurs et sous-gouverneurs des palais tinssent la main pour que les inventaires que les concierges devaient avoir de leur mobilier, et leurs registres de recette et consommation, fussent conformes à ce qui était réellement.

Le grand-maréchal du palais et ses officiers devaient veiller à ce qu'il ne s'introduisit dans le palais aucun individu qui ne devait pas y entrer.

Comme grand-officier de la maison, le grand-maréchal du palais avait ses entrées déterminées et fixées dans les appartemens habités par Leurs Majestés. Mais lorsqu'elles n'habitaient pas un appartement, il pouvait y entrer et y ordonner.

Les pompiers et la chambre de veille étaient sous les ordres du grand-maréchal du palais; en cas d'accidens imprévus et d'incendies, le grand-maréchal du palais ordonnait toutes les dispositions.

Il visitait et faisait visiter par les maréchaux-des-logis, les palais impériaux, leurs dépendances, les différens logemens qui y étaient établis, afin de s'assurer qu'ils étaient tenus proprement, et que ceux qui les occupaient n'y commettaient aucune dégradation, ni rien qui fût préjudiciable à la police et au bon ordre qui devaient y régner.

A l'armée et en voyage, le grand-maréchal du palais était chargé de pourvoir au logement de Leurs Majestés.

Il ordonnait la répartition des logemens pour les personnes de la suite de Leurs Majestés et de celles de leur service, et faisait fournir les écuries nécessaires.

C'était au grand-maréchal du palais à régler ce qui concernait les logemens des hommes et des chevaux de la garde impériale qui accompagnaient Sa Majesté dans ses voyages; et pour cela, les commandans des détachemens lui fournissaient les officiers ou sous-officiers de logement qui lui étaient nécessaires.

Les logemens marqués par ordre du grand-maréchal du palais, pour le service de Leurs Majestés, les personnes de leur suite et pour la garde impériale, ne pouvaient plus être pris par aucune autre personne, quels que fussent son rang et ses fonctions, et pour aucun autre service.

Lorsque Sa Majesté arrivait ou faisait sa première entrée dans un de ses palais, le grand-maréchal la recevait à la porte, la précédait et la conduisait dans les appartemens où elle pouvait désirer d'aller.

La place du grand-maréchal du palais dans les cérémonies était désignée ; si c'était dans l'enceinte du palais ou dans un lieu dont il avait le commandement, il était placé de manière à pouvoir recevoir directement les ordres de Sa Majesté.

Le grand-maréchal du palais, comme chargé du service de la bouche, du chauffage, de l'éclairage, de l'argenterie, de la lingerie et de la livrée, ordonnait tout ce qui était relatif à ces services, et devait veiller à ce qu'ils fussent bien faits dans tous les endroits quelconques où Leurs Majestés pouvaient se trouver.

Il distribuait les tables, déterminait quelles étaient les personnes qui devaient y manger, réglait le service de chacune.

Le grand-maréchal du palais était prévenu des ordres que Leurs Majestés donnaient pour le service de leurs tables, et des invitations qu'elles faisaient faire. Il chargeait les préfets des détails des services.

Le grand-maréchal faisait visiter par les préfets du palais, les cuisines, offices, caves, lingerie et

fourrières, pour s'assurer que tout était tenu proprement et en ordre.

Lorsque Leurs Majestés mangeaient en grand
couvert, le grand-maréchal du palais prenait lui-
même les ordres de Leurs Majestés pour le service;
il les faisait exécuter par les préfets du palais, qui
l'avertissaient quand le repas était servi.

Le grand-maréchal du palais prévenait Leurs
Majestés, les conduisait jusqu'à la table, se plaçait
à la droite, et les reconduisait de même après le
repas.

Pendant le repas, le grand-maréchal du palais
offrait à boire à l'empereur.

Lorsque Leurs Majestés mangeaient en petit
couvert dans les appartemens d'honneur, et que
le grand-maréchal du palais était présent, il prenait de même les ordres de Leurs Majestés pour le
service, et les prévenait lorsque tout était prêt.

Il faisait faire, tous les six mois au moins, par
les préfets, la vérification de toute la vaisselle, argenterie, lingerie, porcelaine et verrerie appartenant à Leurs Majestés.

Il visait tous les états de dépenses et de gages
pour lesquels il lui était accordé des fonds par le
budget de la maison.

Le grand-maréchal du palais présentait à Sa Majesté et à son lever, les officiers compris dans ses attributions qu'elle avait bien voulu nommer. Il leur remettait copie de l'expédition du décret de leur nomination, et recevait le serment de ceux qui ne le prêtaient pas entre les mains de Sa Majesté.

Le grand-maréchal du palais nommait, avec l'agrément de Sa Majesté, et brevetait le secrétaire, les maîtres d'hôtel, les concierges et toutes les autres personnes au service du palais ou de la maison, comprises dans ses attributions, et recevait leur serment.

Le bureau de la poste aux lettres, établi dans chacun des palais impériaux, était sous la surveillance du grand-maréchal du palais.

Le grand-maréchal du palais était logé et avait une table servie aux dépens de la couronne.

GOUVERNEURS DES PALAIS *.

Le gouverneur d'un palais était chargé, sous les ordres du grand-maréchal et pour le palais dont il était le gouverneur, de tous les détails du commandement militaire et de la police du palais, de la surveillance pour l'entretien des bâtimens et leur mobilier, de la propreté des appartemens, cours et jardins, de la distribution des logemens, suivant tout ce qui a été dit ci-dessus pour le grand-maréchal du palais.

Les gouverneurs des palais étaient officiers de la maison; ils prêtaient serment entre les mains de l'empereur.

Le gouverneur d'un palais faisait habituellement la ronde et la visite du palais et des postes qui y étaient établis.

Il faisait au maréchal du palais toutes les demandes pour les fournitures ou travaux à faire dans le palais.

Il se faisait rendre compte de tout ce qui arrivait, par les chefs des postes, le concierge, les portiers, les garçons d'appartement, les gardes et surveillans des jardins.

Il faisait défiler la garde montante; il donnait l'ordre et le mot qu'il recevait du grand-maréchal du palais, ou, en son absence, du colonel général de service.

Pendant le séjour de Sa Majesté dans un de ses palais, si le grand-maréchal était absent, le gou verneur prenait les ordres du colonel général de service.

Le sous-gouverneur suppléait le gouverneur dans toutes ses fonctions.

L'adjudant du palais surveillait, sous les ordres du gouverneur et sous-gouverneur, les détails du service militaire, de la police et bonne tenue du palais. Il faisait journellement la ronde de tous les postes du palais; il s'assurait que les consignes fussent bien exécutées et les patrouilles bien faites; que les hommes qui montaient la garde fussent propres, ainsi que les corps-de-garde.

***

PRÉFETS DU PALAIS.

Le premier préfet du palais et les préfets du palais suppléaient le grand-maréchal du palais pour le service de la bouche, de l'éclairage, du chauffage, de l'argenterie et de la livrée.

Il y avait toujours un préfet du palais de service; il était relevé tous les huit jours, et pendant son service il était logé dans le palais.

Le préfet de service devait visiter, tous les jours, les cuisines, caves, offices, argenteries, fourrières et magasins, afin de s'assurer si tout était tenu proprement. Il devait bien connaître toutes les personnes qui y étaient employées.

Lorsque l'intendant général passait un marché de fourniture pour la maison, le premier préfet ou un des préfets y était présent; il devait le discuter pour les intérêts de Sa Majesté et s'assurer que la chose à fournir serait de la meilleure qualité.

Le préfet de service était présent aux vérifications d'inventaire, qui devaient se faire de temps à autre, de l'argenterie, porcelaine et autres objets confiés aux chefs de service.

Il devait être présent à la reception de toutes les fournitures, pour le service de la maison, et s'assurer si elles étaient conformes à ce qui avait été arrêté par les marchés.

Il vérifiait de temps à autre les registres du premier maître d'hôtel contrôleur et des chefs de service.

Le préfet de service devait recevoir des chambellans de service la liste des personnes que Leurs Majestés faisaient inviter à leur table.

Avant le coucher de l'empereur, le préfet de service devait prendre ses ordres pour le service du lendemain, et connaître l'heure de son déjeuner.

Tous les matins, le préfet de service se faisait représenter le service arrêté pour la journée.

Aux heures des repas de Leurs Majestés le préfet prenait leurs ordres, et il envoyait un maître d'hôtel chercher le service de la cuisine et celui de l'office : ils étaient apportés couverts, et précédés du maître d'hôtel, qui devait les poser, du sommelier et du chef de l'office qui apportaient et posaient eux-mêmes sur la table les vins, l'eau et le pain qui de-vaient être servis à Leurs Majestés.

Le préfet prévenait ensuite Leurs Majestés; il les précédait pour les conduire dans le lieu où le couvert était mis; il faisait placer les personnes in-vitées, et il veillait à ce que le service fût bien fait. Après le repas, il précédait également Leurs Ma-jestés pour les reconduire dans leurs appartemens.

Les fonctions du premier préfet et des préfets, lorsque Leurs Majestés mangeaient en grand cou-vert, sont détaillées dans le titre des repas.

Le premier préfet et le préfets du palais avaient leurs entrées et leurs places désignées dans les cé-rémonies, comme officiers civils de la maison; ils prêtaient serment entre les mains de l'empereur.

MARÉCHAUX-DES-LOGIS.

Les maréchaux-des-logis étaient officiers civils de la maison, et prêtaient serment entre les mains de l'empereur.

Ils étaient chargés de la distribution des appartemens et logemens pour Leurs Majestés, et les personnes de leur suite, dans les palais impériaux et dans les voyages.

Dans les voyages, un maréchal-des-logis précédait Leurs Majestés pour faire préparer leur logement dans les lieux où elles devaient s'arrêter.

Lorsque Leurs Majestés devaient aller habiter un palais, un maréchal-des-logis les précédait pour en faire préparer les appartemens, et faire la distribution des logemens pour les différentes personnes qui devaient accompagner Leurs Majestés.

Lorsque Leurs Majestés recevaient dans un de leurs palais un prince français ou étranger, un maréchal-des-logis était chargé de faire préparer et distribuer l'appartement désigné par Leurs Majestés pour le logement de ce prince.

Les maréchaux-des logis veillaient au maintien de la propreté et de l'ordre dans les palais et les différens logemens qu'ils renfermaient, ainsi que leurs dépendances. Ils prévenaient le grand-maréchal du palais des dégradations qu'ils pouvaient apercevoir, soit dans les bâtimens, soit dans le mobilier.

Le secrétaire général du service du grand-maréchal du palais était chargé de la correspondance, de l'expédition des ordres et de leur enregistrement. Tous les ordres étaient signés par le grand-maréchal du palais, ou l'officier qui le représentait.

Il tenait les registres où étaient inscrites les personnes attachées au service des palais ou de Leurs Majestés, avec les notes et renseignemens sur chacune d'elles.

Le quartier-maître du palais réunissait et surveillait toute la comptabilité du service du grand maréchal du palais.

C'était à lui que devaient être envoyées ou remises toutes les pièces de comptabilité, lorsqu'elles étaient revêtues des formalités exigées. Il les vérifiait avant de les soumettre à la signature du grand-maréchal du palais, et les enregistrait ensuite, suivant les divisions établies dans le bubget.

Le premier maître d'hôtel contrôleur, d'après

les ordres qu'il recevait du grand-maréchal du palais, ordonnait et surveillait les dépenses, achats ou consommations. Il en arrêtait les comptes ou mémoires.

Il était chargé de toute la comptabilité en matières; il tenait les inventaires de tout le matériel qui dépendait du servive du grand-maréchal du palais.

Il arrêtait, sauf l'approbation du grand-maréchal du palais, ou des officiers qui le représentaient, le service des différentes tables, celui de l'éclairage, de la lingerie, du chauffage, et les fournitures à faire pour les différens palais.

Les fourriers du palais aidaient et suppléaient les maréchaux-des-logis pour faire préparer et distribuer les logemens des personnes attachées au service de Leurs Majestés, ou de leur suite, soit dans les palais, soit en voyage.

Les fourriers du palais veillaient au maintien de l'ordre et de la propreté dans les différens palais et leurs dépendances, et à ce qu'ils fussent éclairés conformément à ce qui était réglé pour chacun.

Les fourriers du palais devaient connaître toutes les personnes attachées au service de Leurs Majestés ou des différens palais. Ils avaient la surveillance particulière de la livrée et de son service.

Ils devaient s'habituer à bien connaître les différens palais, leurs dépendances et la distribution
des appartemens et logemens.

Ils prenaient connaissance des différens réglemens pour le service du palais ou de Leurs Majestés,
et devaient prévenir le grand-maréchal du palais
ou l'officier qui le représentait de ce qu'ils pouvaient apprendre ou apercevoir de contraire ou
de nuisible aux intérêts de Sa Majesté.

En cas d'une fête ou d'une cérémonie dans un
palais, les fourriers du palais avaient soin que les
préparatifs en fussent faits comme ils devaient
l'être, et pendant la fête il veillaient à l'extérieur,
au maintien de l'ordre et de la police.

Il y avait toujours un fourrier du palais de service, qui devait avoir l'état des valets de pied ou
autres qui étaient de service chaque jour.

Tous les matins il faisait un rapport au grand-
maréchal du palais.

CHAMBELLANS.

Le service de la chambre était composé de tout

ce qui concernait les honneurs du palais, les audiences ordinaires, les sermens qui se prêtaient dans le cabinet de l'empereur, les entrées, les levers et couchers de Sa Majesté, les fêtes, les cercles, les théâtres du palais, la musique, les loges de l'empereur et de l'impératrice aux différens spectacles, la garde-robe de l'empereur, sa bibliothèque, les huissiers et valets de chambre.

Le grand-chambellan était le chef de tout le service de la chambre. Il était l'ordonnateur général de toutes les dépenses de ce service. Ils jouissait de tous les honneurs et de toutes les distinctions attribués aux grands-officiers par le règlement général de la maison.

Aux banquets et festins publics donnés par l'empereur, il devait présenter à laver à Sa Majesté, avant et après le repas.

Il prenait les ordres de Sa Majesté pour les présens qu'elle désirait faire aux têtes couronnées, princes, ambassadeurs et autres, et qui devaient être payés par sa cassette. Il les faisait confectionner, en arrêtait le prix et en ordonnançait le paiement, de même que de tous les objets soumis à sa surveillance particulière.

Quant au service, il faisait celui d'honneur de préférence à tout autre chambellan. Il pouvait

aussi faire le service ordinaire ; il en avait la surveillance et l'inspection.

Un aide-de-camp de l'empereur ou un chambellan remplissait les fonctions de maître de la
garde-robe. Il était désigné par Sa Majesté.

Le maître de la garde-robe était spécialement
chargé de tout ce qui la concerne ; il avait en conséquence l'ordonnance et la surveillance sur tous
les objets qui la composaient, comme habits, linge,
dentelles, chaussures, grands et petits costumes,
cordons et colliers de la Légion-d'Honneur et autres, ainsi que des diamans, bijoux, etc., appartenant à Sa Majesté.

Il prêtait le serment de fidélité entre les mains
de l'empereur, et recevait celui de tous les gens
employés à la garde-robe.

Tous les ouvriers travaillant pour les objets dont
il avait la surveillance recevaient des brevets du
grand-chambellan.

Il prenait les ordres de l'empereur sur tout ce
qui concernait son habillement, et les faisait exécuter par les personnes attachées à ce service.

S'il assistait à la toilette de l'empereur, il devait
lui passer lui-même son habit, lui attacher le
cordon ou collier de la Légion, et lui présenter son

épée, son chapeau et ses gants, lorsque le grand-chambellan était absent.

S'il assistait au coucher de Sa Majesté, il devait détacher le cordon ou collier de la Légion, et recevoir l'épée, le chapeau et les gants, lorsque le grand-chambellan était absent.

Aux jours de fête et de cérémonie, auxquels Sa Majesté revêtait quelqu'un de ses costumes, il devait assister à la toilette, passer lui-même l'habit, et lui placer le manteau sur les épaules, si le grand-chambellan était absent.

Il avait la garde des diamans et bijoux qui ne faisaient pas partie de ceux de la couronne, et avait soin de leur entretien. Ces objets étaient payés sur le budget du grand-chambellan et soumis à son visa.

Quant aux diamans de la couronne, il en avait la confection et l'entretien ; mais il les remettait en garde au trésorier général de la couronne, qui ne pouvait les confier que sur la demande écrite du grand-chambellan, ou sur un ordre direct de l'empereur, pour les diamans à son usage ; et sur la demande écrite de la dame d'honneur, ou de la dame d'atours, pour les diamans à l'usage de l'impératrice.

Lorsque Leurs Majestés voulaient se servir des diamans de la couronne, le trésorier général, sur la demande écrite du grand-chambellan, ou sur un ordre direct de l'empereur pour les diamans à son usage, et sur une demande écrite de la dame d'honneur ou de la dame d'atours pour ceux à l'usage de l'impératrice, portait les diamans demandés chez Leurs Majestés et les remettait, ceux de l'empereur au maître de sa garde-robe, et ceux de l'impératrice à la dame d'honneur ou à la dame d'atours. Le trésorier général tenait à cet effet un registre particulier sur lequel la personne à qui il remettait les diamans en donnait un reçu ; et lorsqu'ils lui étaient rapportés par le maître de la garde-robe, il en donnait lui-même un reçu sur de pareils registres tenus à cet effet par le maître de la garde-robe, et par la dame d'honneur ou la dame d'atours.

CHAMBELLANS.

Le premier chambellan et les chambellans prenaient entre eux leur rang d'ancienneté de service auprès de l'empereur. Ils prêtaient serment entre les mains de Sa Majesté.

Il y en avait au moins quatre de service par trimestre, qui l'étaient sans aucun tour de droit,
mais qui étaient désignés par Sa Majesté, à la fin
de chaque trimestre, sur la présentation du grand-
chambellan.

Il y avait toujours au palais deux chambellans
de jour, dont un pour le grand appartement de
présentation et un pour l'appartement d'honneur
de l'empereur. Ils étaient relevés tous les huit
jours.

Les chambellans de jour étaient chargés d'introduire près de Sa Majesté les personnes qui pouvaient être admises près d'elle ou auxquelles elle
voulait parler.

Leur service était déterminé par les réglemens
particuliers de Sa Majesté sur l'étiquette. C'était
aux chambellans à tenir la main à leur exécution.

Les chambellans de jour en fonctions ordonnaient seuls dans les appartemens; ils avaient à
leurs ordres les huissiers, valets de chambre et
autres personnes attachées aux appartemens.

Ils faisaient exécuter les réglemens sur les entrées, et toute personne qui ne les avait pas en
vertu de ces réglemens ne pouvait pénétrer dans
les appartemens sans qu'ils en eussent donné
l'ordre.

C'étaient eux qui présentaient à l'empereur

toutes les demandes d'audiences particulières, et qui prévenaient de celles que Sa Majesté accordait.

Les chambellans de jour faisaient toutes les invitations qui étaient attribuées au service de la chambre.

Toutes les personnes qui désiraient être présentées à Sa Majesté s'adressaient aux chambellans de jour.

Ils devaient veiller à l'ordre et à l'arrangement de tout ce qui se trouvait dans les grands appartemens et dans celui d'honneur de l'empereur.

Les chambellans de jour étaient chargés de l'étiquette aux levers et aux couchers de l'empereur. Ils prenaient les ordres de Sa Majesté pour l'heure à laquelle ils devaient avoir lieu.

Les chambellans et l'aide-de-camp de jour devaient précéder Sa Majesté dans l'intérieur du palais.

Quand Sa Majesté sortait avec son piquet, un des deux chambellans de jour l'accompagnait et montait dans la seconde voiture avec l'aide-de-camp de service.

Les chambellans de jour se relevaient toutes les semaines au coucher. Ceux qui quittaient le service devaient prévenir ceux qui les relevaient, des ordres que Sa Majesté aurait pu donner pour l[a] semaine suivante.

Les chambellans de jour ne quittaient les appartemens que lorsque Sa Majesté était couchée, et ils devaient y être rendus une heure avant son lever, afin de les visiter et de s'assurer s'ils étaient appropriés et disposés comme ils devaient l'être, et si les huissiers et les valets de chambre étaient à leurs postes.

Dans l'intérieur des palais, les chambellans avaient le pas avant les officiers de tous les autres services.

Un des chambellans de service suivait l'empereur au conseil-d'état.

Les deux chambellans de service habitaient au palais. Toutes les fois que l'empereur recevait dans les grands appartemens, quatre chambellans étaient obligés de s'y trouver, et tous avaient la faculté de s'y rendre.

Sa Majesté désignait particulièrement les chambellans qui devaient l'accompagner et être de service dans ses voyages.

La dame d'honneur avait dans la maison de l'impératrice les mêmes droits, prérogatives et honneurs que le grand-chambellan dans la maison de l'empereur. Pour tous les objets de service, la dame d'atours remplaçait la dame d'honneur.

Les chambellans de l'impératrice prêtaient serment entre les mains de l'empereur et de l'impératrice.

Les chambellans de l'impératrice faisaient le service chez Sa Majesté, conformément aux réglemens particuliers établis pour la maison de sa majesté l'impératrice.

Ils prenaient entre eux leur rang d'ancienneté de service auprès de l'impératrice.

Il y avait trois chambellans de service par trimestre, qui étaient désignés par Sa Majesté, à la fin de chacun. Il y avait toujours dans l'appartement de sa majesté l'impératrice un chambellan de jour; il était relevé tous les huit jours.

Le chambellan introducteur près de l'impératrice introduisait auprès de Sa majesté les ambassadeurs et étrangers; en son absence, il était remplacé par un chambellan désigné par la dame d'honneur, en se conformant au réglement adopté pour le cérémonial.

LE GRAND-ÉCUYER. — OFFICIERS DE SON SERVICE.

L'écurie et ses différens services, les pages, les courriers, les armes de guerre de Sa Majesté, la surveillance et la direction des haras de Saint-Cloud, formaient les attributions du grand-écuyer.

Il ordonnait de tout ce qui était relatif aux voyages, et désignait les places que chacun devait avoir.

Il avait la distribution de tous les logemens dans les bâtimens affectés, par le grand-maréchal, au service des écuries, pages, etc. Les portiers de ces maisons étaient dépendans de ses attributions.

Il prévenait les personnes que Sa Majesté admettait à monter ses chevaux ou dans ses voitures.

Il recevait le serment que les officiers de son service devaient à l'empereur, et celui des employés et des gens à gages, ainsi que celui des maîtres-ouvriers travaillant pour les écuries impériales.

Le grand-écuyer accompagnait toujours Sa Majesté à l'armée.

Il portait à l'armée, en l'absence du connétable, l'épée de Sa Majesté.

Si le cheval de Sa Majesté était tué ou venait à tomber, c'était à lui à relever Sa Majesté et à lui offrir le sien.

Il faisait, en toute occasion, le service d'honneur, quand il était près de Sa Majesté, de préférence aux écuyers qui étaient de service auprès d'elle.

A l'armée, le grand-écuyer logeait aussi près que possible de Sa Majesté, afin de se trouver toujours près d'elle quand elle sortait. Il prenait lui-même ses ordres à son lever et à son coucher.

Il partageait à cheval la croupe de celui de sa Majesté avec le colonel-général de service. Il était à gauche, afin de se trouver toujours au montoir. Dans les défilés, ou sur un pont étroit, il suivait immédiatement Sa Majesté, afin d'être à même de prendre son cheval, si elle voulait mettre pied à terre, ou de la soutenir au besoin.

En cortége ou en route, il allait dans la voiture qui précédait celle de Sa Majesté, celles des princes de la famille impériale ou de l'empire.

Il nommait le premier et le second page, sur la proposition du gouverneur, et l'avis des sous-gouverneurs et maîtres.

Il nommait le médecin et le chirurgien des pages,

ainsi que les employés de la bouche et du service des pages et les gagistes de son service.

Il présentait à Sa Majesté, à son lever, les officiers et employés supérieurs de son département, ainsi que les maîtres et les pages, quand ils étaient nommés par Sa Majesté.

Il présentait à Sa Majesté ceux des pages qui, ayant atteint leur dix-huitième année, étaient dans le cas de passer dans les corps de l'armée.

Un porte-arquebuse était sous les ordres du grand-écuyer; il était spécialement chargé d'entretenir, charger et décharger les pistolets et les armes des voitures de Sa Majesté.

La place du grand-écuyer dans les cérémonies, quand Sa Majesté était sur son trône, qu'elle se rendait à la messe, dans la chapelle et partout ailleurs, était réglée par le cérémonial.

Il jouissait des entrées et de toutes les prérogatives que donnait la charge de grand-officier.

Il avait la police de tous les employés et gens à gages de son département, pour tout ce qui était relatif au service de l'écurie.

Il était logé par la couronne et se servait des gens, chevaux et voitures des écuries de Sa Majesté.

Au grand couvert, il donnait le fauteuil à Sa Majesté pour se mettre à table : il le retirait pour qu'elle se levât ; il se tenait à sa gauche.

Il soutenait Sa Majesté du côté droit, pour monter en voiture ou en descendre dans les cérémonies, et toutes les fois qu'il se trouvait près d'elle.

Il marchait immédiatement devant Sa Majesté quand elle sortait de ses appartemens pour monter à cheval ; lui donnait la cravache, lui présentait le bout des rênes et l'étrier gauche ; il la soutenait aussi pour monter à cheval.

Il s'assurait par lui-même de la régularité du service de tout ce qui tenait à son département, de la solidité des voitures destinées à Sa Majesté, de l'intelligence et de l'adresse des hommes employés à son service personnel, et de la sûreté et de l'instruction des chevaux qu'elle montait, ou qu'on employait à sa voiture.

Il surveillait particulièrement l'instruction des pages et tout ce qui tenait à leur nourriture et à leur entretien.

L'écuyer de service accompagnait toujours Sa Majesté, soit en voiture, soit à cheval : si c'était en voiture, même en voyage, l'écuyer se plaçait à cheval, à la portière droite, quand le colonel-général de service n'était point à cheval ; s'il était à cheval, il se plaçait à la portière gauche : quand Sa

Majesté était à cheval, l'écuyer de service se plaçait derrière le grand-écuyer.

L'écuyer de service portait à l'armée la cuirasse
de Sa Majesté, et, en l'absence du grand-écuyer et
du premier écuyer, son épée et ses armes; en leur
absence encore, il avait l'honneur de revêtir de
ses armes Sa Majesté le jour d'une bataille.

L'écuyer précédait Sa Majesté, soit qu'elle sortît
de ses appartemens, soit qu'elle y rentrât.

Dans les palais impériaux, il se tenait dans le
salon de service. L'écuyer de service ne quittait jamais le salon de service pendant la journée, et
couchait dans le palais; il se trouvait au lever et
au coucher de Sa Majesté pour recevoir ses ordres.

Il recevait directement les ordres de Sa Majesté,
soit qu'elle voulût monter à cheval, ou sortir en
voiture, et les transmettait à l'écuyer commandant
de la selle ou de l'attelage, pour leur exécution;
il veillait à ce qu'ils n'éprouvassent aucun retard,
et prévenait Sa Majesté quand les chevaux et voitures étaient prêts.

Il suivait à cheval Sa Majesté, toutes les fois
qu'elle sortait à cheval ou en voiture avec sa livrée;
si c'était en route, il courait en bidet.

Lorsque Sa Majesté était en voiture, il la suivait soit en voiture, soit à cheval, comme l'ordonnait Sa Majesté; afin d'être à portée de recevoir ses

ordres et de les faire exécuter. Il dirigeait et surveillait la marche des voitures qui composaient le cortége de Sa Majesté.

Quand Sa Majesté laissait tomber quelque chose à cheval, c'était à lui à le ramasser ou faire ramasser; il le lui remettait en l'absence du grand-écuyer ou du premier écuyer.

En voyage, les écuyers faisaient le service par jour. Celui de jour était chargé de l'exécution des ordres du grand-écuyer pour le départ des différens services, et l'ordre à suivre dans la marche. Il commandait aux employés des postes; il était chargé en outre de l'exécution du cérémonial pendant la marche, et commandait, à cet effet, aux escortes auxquelles il assignait leurs places dans le cortége d'après un règlement de Sa Majesté et les ordres du colonel-général de service.

Il surveillait les pages de service, et prévenait le gouverneur ou le sous-gouverneur, en cas de chasse à courre ou au tir, afin que les pages du service des chasses s'y trouvassent.

Il recevait du secrétaire de Sa Majesté, auquel il en donnait reçu, les dépêches à expédier directement par les courriers extraordinaires; il les comptait au courrier, s'il y en avait plusieurs; constatait la solidité des cachets et enveloppes, et les inscrivait sur le *part*, pour les expédier.

Il recevait de même les dépêches des courriers qui arrivaient, et les remettait lui-même à Sa Majesté pendant la journée. Quand elle était couchée, il faisait demander M. l'aide-de-camp de service dans le salon qui précédait celui où il couchait, et lui remettait les dépêches, pour qu'il les portât à Sa Majesté.

Il vérifiait scrupuleusement le part, pour s'assurer que tout ce qu'il portait avait été remis, et donnait reçu au courrier, après avoir également vérifié le temps qu'il avait mis en route. S'il était en retard, il en rendait compte au grand-écuyer, pour qu'il fût puni.

L'écuyer de service inscrivait en outre sur un registre disposé à cet effet, et qu'il enfermait sous clef dans un tiroir ou bureau du salon de service, le nom du courrier, la destination, le nombre des dépêches qu'il avait reçues ou qu'il apportait, la date et l'heure du départ, ou celle de l'arrivée, afin que l'on pût vérifier en tout temps les départs et arrivées, ainsi que le nom des courriers, etc.

Dans l'intérieur du palais, les chambellans avaient le pas sur les officiers des autres services de Sa Majesté. Dans le service des écuries, et aux chasses, les écuyers avaient le pas sur les chambellans.

Le premier écuyer de l'impératrice était premier officier de la maison de Sa Majesté. Il remplissait près d'elle les fonctions de chevalier d'honneur; il lui donnait la main de préférence à tout autre. Il était présent aux audiences que donnait Sa Majesté et se tenait derrière son fauteuil. Il remplissait près de sa majesté l'impératrice les fonctions équivalentes à celles du premier écuyer de l'empereur envers Sa Majesté. Il en est de même des fonctions des autres écuyers de sa majesté l'impératrice.

PAGES.

Il devait y avoir trente-six pages, et soixante au plus.

Ils faisaient le service de Leurs Majestés. Ils étaient âgés de quatorze à seize ans, et restaient pages jusqu'à dix-huit.

Service de l'empereur.

A Paris, deux pages près de l'empereur. Un suivait Sa Majesté quand elle montait à cheval, ou sortait en voiture : il se tenait derrière la voiture.

A Saint-Cloud, il n'y avait qu'un page au palais, et un commandé à l'hôtel des pages pour le remplacer.

Dans les audiences et les jours de messe, huit pages étaient de service. Ils se tenaient en haie quand Sa Majesté rentrait dans ses appartemens et la précédaient quand elle en sortait. Ils marchaient après les huissiers.

Quand l'empereur se servait de sa voiture de cérémonie, il en montait autant que possible derrière la voiture et six derrière le cocher.

Si Sa Majesté n'était point rentrée dans son palais quand il faisait nuit, les pages de service l'attendaient à la porte du vestibule pour la précéder, en portant un flambeau de poing, de cire blanche, et allant jusque dans leur salon de service. Les valets de chambre se trouvaient à la porte intérieure de l'antichambre pour prendre leurs flambeaux.

Les pages faisaient le service dont Sa Majesté jugeait à propos de les charger. Les commissions leur étaient données par Sa Majesté, les princes, les princesses, ou par les aides-de-camp, chambellans ou écuyers de service ; mais en revenant, ils devaient rendre compte directement à la personne de la famille impériale qui les avait envoyés.

Sous quelque prétexte que ce pût être, les pages porteurs d'ordre de Leurs Majestés ou de leurs

Altesses Impériales, soit écrit, soit verbal, ne pouvaient se dispenser de le rendre directement à la personne que l'ordre concernait, eût-elle été malade et même gardant le lit.

A la chasse à courre, un des deux premiers pages suivait toujours Sa Majesté pour lui donner sa carabine.

Au tiré, les deux premiers pages et six autres donnaient les fusils à Sa Majesté. Ils se rangeaient à sa droite, le premier page près de Sa Majesté.

Ils recevaient les fusils des mains du mamelouck et des porte-arquebuses.

Les valets de pied formaient la chaîne pour prendre des mains du second page les fusils que Sa Majesté avait tirés et les remettre aux porte-arquebuses.

Le gibier tué au tire de Sa Majesté appartenait au premier page. Les deux premiers pages suivaient de préférence Sa Majesté à l'armée ou dans ses voyages; ils pouvaient faire le service d'aides-de-camp près des aides-de-camp de sa Majesté.

Deux pages étaient de service près de l'impératrice. Le plus ancien portait la queue de la robe de Sa Majesté quand elle sortait de ses appartemens, montait en voiture ou en descendait : l'autre précédait Sa Majesté. Tous deux l'accompagnaient, quand c'était à l'extérieur, jusque dans le premier salon. En ville, quand Sa Majesté sortait avec son piquet ou sa livrée, ils allaient derrière le cocher. Leur rang, leurs fonctions, etc., équivalaient à ceux des pages de l'empereur.

GRAND-MAITRE DES CÉRÉMONIES.

Lorsque l'empereur ordonnait une cérémonie publique et solennelle, telle qu'ont été le sacre, la réception des membres de la Légion-d'Honneur, la fête du Champ-de-Mars, l'ouverture de la session du corps législatif, etc., etc., etc., le grand-maître dressait le projet de cette cérémonie, en réglait le lieu, le temps, etc., y assignait les places et rangs de chacun, suivant les localités et l'ordre de préséance combiné avec la nécessité du service.

Lorsque le projet était fait, il le présentait à Sa Majesté. Quand le projet était approuvé par Sa Majesté, le grand-maître l'envoyait aux princes, princesses, grands-officiers, présidens de corps, etc., etc., etc.

Le jour de la cérémonie, il faisait exécuter

ponctuellement toutes les parties du cérémonial, se tenait, pendant la cérémonie, en avant et près de Sa Majesté, et prenait ses ordres à chaque partie de la cérémonie.

L'empereur avait douze aides-de-camp. Ils prenaient rang entre eux, non par leur grade militaire, mais par leur ancienneté de service auprès de Sa Majesté.

Il y avait toujours un aide-de-camp de jour auprès de l'empereur : l'aide-de-camp entrant et celui sortant devaient s'y trouver et prendre ses ordres.

L'aide-de-camp de jour avait toujours un cheval sellé ou une voiture attelée, dans une remise du palais, et à portée pour pouvoir être à même de remplir les commissions que l'empereur voulait lui donner.

Depuis le moment où l'empereur était couché, l'aide-de-camp de jour était plus spécialement chargé de la garde de sa personne, et il couchait dans la pièce voisine de celle dans laquelle Sa Majesté reposait.

Toute dépêche arrivant la nuit pour l'empereur était remise à l'aide-de-camp de jour : qui que ce fût ne pouvait entrer dans la pièce dans laquelle Sa Majesté reposait, ni dans celle de l'aide-

de-camp, et dont il tenait la porte fermée en dedans par un verrou : il allait recevoir dans le premier salon ou dans la pièce qui précédait, la personne qui voulait lui parler ou lui remettre une
dépêche ; en revenant il devait fermer le verrou
sur lui, pour que l'on ne pût le suivre ni dans son
appartement, ni dans la chambre à coucher de
l'empereur; et alors seulement il frappait à la porte
de l'empereur.

L'aide-de-camp de jour pouvait introduire les
personnes qui avaient à parler à Sa Majesté, soit
qu'elle se tînt dans le grand appartement de représentation, ou dans celui d'honneur, ou dans l'intérieur; mais il ne le faisait que par une commission spéciale de l'empereur.

Quand, d'après l'ordre de l'empereur, l'aide-de-
camp de jour devait lui parler, il pouvait se présenter à la porte de l'appartement dans lequel se
trouvait Sa Majesté; mais quand ce n'était pas
pour affaire pressante et par ordre de l'empereur,
il devait se faire introduire par le chambellan.

Quand Sa Majesté sortait avec un piquet, et
qu'elle avait demandé deux voitures, l'aide-de-
camp de jour se plaçait dans la seconde avec le
chambellan de jour.

A la chasse à tir, l'aide-de-camp de jour se tenait à cheval derrière l'empereur,

L'aide-de-camp de jour qui accompagnait à cheval la voiture de Sa Majesté se plaçait sur un des côtés de manière à être prêt à recevoir les ordres de Sa Majesté, laissant toutefois aux officiers de service les places d'honneur auxquelles ils avaient droit.

Dans les parades et mouvemens militaires, les aides-de-camp marchaient devant l'empereur; celui de jour se tenait immédiatement devant et à six pas.

A l'armée, les aides-de-camp de l'empereur faisaient le service de chambellans.

LE PALAIS IMPÉRIAL DES TUILERIES ÉTAIT DISTRIBUÉ EN GRAND APPARTEMENT DE REPRÉSENTATION, — APPARTEMENT ORDINAIRE DE L'EMPEREUR, — APPARTEMENT ORDINAIRE DE L'IMPÉRATRICE.

Le grand appartement de représentation se composait d'une salle de concert, d'un premier salon, d'un second salon, d'une salle du trône, du salon de l'empereur, et d'une galerie.

Les pages se tenaient dans la salle de concert.

Tous les officiers du service d'honneur de Leurs Majestés, ceux des maisons des princes et princesses de la famille impériale ou de l'empire, lorsqu'ils les accompagnaient, les membres du sénat et du conseil-d'état, les généraux de division, les archevêques et évêques entraient de droit dans le second salon.

Les princes et princesses de la famille impériale et de l'empire, les ministres, les grands-officiers de l'empire, les présidens du sénat, du corps législatif, entraient de droit dans la salle du trône.

Lorsque l'impératrice recevait dans la salle du trône, les dames d'honneur, d'atours et du palais avaient le droit d'y entrer.

Les dames d'honneur ou de service près des princesses les accompagnaient lorsqu'elles entraient dans la salle du trône.

Les hommes et les dames saluaient le trône en traversant la salle où il était placé.

L'empereur et l'impératrice seuls entraient dans le salon de l'empereur; tout autre individu, quels que fussent son rang et ses fonctions, n'y entrait que lorsque Sa Majesté le faisait appeler.

Le chambellan de jour y entrait pour prendre les ordres de Leurs Majestés, mais après en avoir fait demander la permission par un huissier.

Lorsque Leurs Majestés ne se trouvaient pas dans le grand appartement de représentation, les officiers du service d'honneur de Leurs Majestés et les pages pouvaient le traverser et communiquer pour leur service.

L'appartement ordinaire de l'empereur se divisait en appartement d'honneur et appartement intérieur.

L'appartement d'honneur se composait d'un salle des gardes, d'un premier salon et d'un second salon.

L'appartement intérieur se composait d'un cabinet de travail, d'un arrière-cabinet, d'un bureau topographique, et d'une chambre à coucher.

Les huissiers faisaient le service de l'appartement d'honneur, et les valets de chambre celui de l'appartement intérieur.

Dans la salle des gardes se tenaient les pages de service, un sous-officier du piquet de la garde à cheval. Il n'y entrait aucun domestique. Un portier d'appartement en tenait la porte.

Le colonel-général de service, les grands-officiers de la couronne, l'aide-de-camp de jour, le préfet de service, entraient de droit dans le premier salon.

Le chambellan de jour faisait entrer dans le

premier salon ou dans celui que lui désignait Sa Majesté, les personnes admises à son audience, ou appelées pour affaires de service et travailler.

Lorsque le chambellan de jour avait besoin de prévenir Sa Majesté qui se trouvait dans son appartement intérieur, il traversait le salon de l'empereur, et frappait à la porte de l'appartement intérieur : cependant, lorsqu'il ne s'agissait que d'annoncer à Sa Majesté l'arrivée d'un officier de sa maison, ou d'un ministre qu'elle avait fait demander, il suffisait que le chambellan de jour en prévînt l'huissier de service qui annonçait à Sa Majesté. Le chambellan avait soin de faire entrer ces personnes dans le salon de l'empereur, afin que Sa Majesté les y trouvât lorsqu'elle sortait de son appartement intérieur.

L'aide-de-camp, le préfet et l'écuyer de service qui avaient à prendre les ordres de Sa Majesté ou à la prévenir pour leur service, pouvaient le faire directement, sans passer par l'intermédiaire du chambellan.

Le préfet et l'écuyer qui venaient annoncer à Sa Majesté qu'elle était servie, ou que ses voitures et chevaux étaient prêts, lorsqu'elle était dans son appartement intérieur, pouvaient même le dire à l'huissier de service, afin de déranger le moins possible l'empereur.

Un gardien du porte-feuille tenait la porte de l'arrière-cabinet; le gardien du porte-feuille ne laissait entrer dans l'arrière-cabinet que par ordre de l'empereur, la personne qui en avait obtenu le droit.

Personne ne pouvait traverser le cabinet dans lequel Sa Majesté travaillait ordinairement, à moins d'y être appelé par l'empereur.

REPAS.

Lorsque Leurs Majestés voulaient manger en grand couvert, la table était placée sur une estrade et sous un dais avec deux fauteuils; les portes de la salle où elle était placée étaient tenues par des huissiers.

S'il y avait des invitations à faire, le grand-maître des cérémonies en était chargé; il prévenait le grand-maréchal du palais de la distribution des tables et des personnes qui devaient s'y asseoir, ainsi que de la pièce dans laquelle on devait se réunir, et de l'heure.

Le grand-maréchal du palais prenait les ordres de Leurs Majestés pour le moment du service, et les transmettait au premier préfet, qui veillait à leur exécution.

Le préfet de service envoyait lui-même à l'office et à la cuisine, et il en faisait apporter en ordre tout ce qui était nécessaire pour le service, qu'il faisait placer sur la table en sa présence.

Le couvert de l'empereur était placé à droite, celui de l'impératrice à gauche; la nef et le cadenas de l'empereur à droite de son couvert; la nef et le cadenas de l'impératrice, à la gauche de son couvert, sur la table même.

Lorsque tout était prêt, le premier préfet en avertissait le grand-maréchal du palais qui en prévenait Leurs Majestés.

Leurs Majestés se rendaient dans la salle où le repas était préparé dans l'ordre suivant : les pages de service; un aide des cérémonies; les préfets de service; le premier préfet et un maître des cérémonies; le grand-maréchal du palais et le grand-maître des cérémonies; l'impératrice; son premier écuyer et son premier chambellan; l'empereur; le colonel-général de service; le grand-chambellan et le grand-écuyer; le grand-aumônier.

Leurs Majestés étant arrivées à la table, le grand-chambellan devait présenter à laver à l'empereur. Le grand-écuyer lui offrait le fauteuil; le grand-maréchal du palais prenait une serviette dans la nef et la présentait à Sa Majesté.

Le premier préfet, le premier écuyer et le premier chambellan de l'impératrice, remplissaient les mêmes fonctions près de Sa Majesté.

Le grand-aumônier venait sur le devant de la table, bénissait le dîner et se retirait.

Les pages faisaient le service. Les carafes d'eau et de vin, à l'usage de Leurs Majestés, étaient placées sur un plat d'or, le verre sur un autre plat et à la droite de leurs couverts.

Lorsque l'empereur demandait à boire, le premier préfet versait l'eau et le vin dans le verre, qui était offert à Sa Majesté par le grand-maréchal.

Les mêmes fonctions étaient remplies pour le service de Sa Majesté l'impératrice, par son premier écuyer et par le préfet de service qui était placé à sa droite.

Les maîtres-d'hôtel posaient les plats, découpaient les mets et faisaient offrir à Leurs Majestés par les pages.

Le grand-chambellan faisait verser devant lui le café dans la tasse destinée à l'empereur, un page la lui remettait sur un plat d'or, et il l'offrait à Sa Majesté.

Le premier chambellan de l'impératrice offrait de même le café à Sa Majesté.

Après le repas, le grand-maréchal prenait la serviette des mains de l'empereur; le premier préfet, de celles de l'impératrice.

Le grand-écuyer, et le premier écuyer de l'impératrice retiraient les fauteuils de Leurs Majestés, le grand-chambellan donnait à laver à l'empereur, le premier chambellan à l'impératrice.

Si, dans la salle où mangeaient Leurs Majestés, il était servi d'autres tables, le service en était fait par les maîtres-d'hôtel et la livrée.

Quand Leurs Majestés voulaient manger dans l'appartement intérieur, elles désignaient le lieu et les individus qui devaient les servir. Il n'y avait aucune étiquette ni personne du service d'honneur.

Avant le coucher de Leurs Majestés, le préfet de service prenait les ordres de Leurs Majestés pour l'heure à laquelle elles voulaient déjeuner.

FIN DU TOME SECOND.

TABLE

DU SECOND VOLUME.

CHAPITRE PREMIER.

CHAPITRE II.

Portrait de l'empereur. — Intérêt attaché aux moindres dé-

CHAPITRE III.

CHAPITRE IV.

CHAPITRE V.

CHAPITRE VI.

CHAPITRE VII.

CHAPITRE VIII.

CHAPITRE IX.

CHAPITRE X.

de sa majesté l'impératrice actuelle du Brésil. — Portrait du feu roi de Bavière, Maximilien-Joseph. — Souvenirs de son ancien séjour à Strasbourg, comme colonel au service de France. — Amour des Bavarois pour cet excellent prince. — Dévoûment du roi de Bavière pour Napoléon. — La main de Constant dans une main royale. — Contraste entre la destinée du roi de Bavière et celle de l'empereur. — Les deux tombeaux. — Portrait du prince royal, aujourd'hui roi de Bavière. — Surdité et bégaiement. — Gravité et amour pour l'étude. — Opposition du prince-royal contre l'empereur. — Voyage du prince Louis (de Bavière) à Paris. — Sommeil de ce prince au spectacle, et la *méridienne* de l'archi-chancelier de l'empire. — Portrait du roi de Wurtemberg. — Son énorme embonpoint. — Son attitude à table. — Sa passion pour la chasse. — La monture difficile à trouver. — Comment on dressait les chevaux du roi à porter l'énorme poids de leur maître. — Dureté excessive du roi de Wurtemberg. — Détails singuliers à ce sujet. — Fidélité gardée par ce monarque. — Luxe du roi de Wurtemberg. — Le prince royal de Wurtemberg. — Le prince primat. — Toilette surannée des princesses allemandes. — Les coches et les paniers. — Les journaux des modes, français. — Tristes équipages. — Portrait du prince de Saxe-Gotha. — Coquetterie de ci-devant jeune homme. — Michalon le coiffeur, et les perruques à la Cupidon. — Toilette extravagante d'une princesse de la confédération, au spectacle de la cour. — Madame *Cunégonde*. — L'impératrice Joséphine se souvient de *Candide*. — Le prince Murat, grand-duc de Berg et de Clèves. — Le prince Charles-Louis Frédéric de Bade vient à Paris pour épouser une des nièces de l'impératrice Joséphine. — Portrait de ce prince. — La première

CHAPITRE XI.

CHAPITRE XII.

CHAPITRE XIII.

CHAPITRE XIV.

FIN DE LA TABLE.

9 782013 477680